Mosaik

Helga Köster

Mikrowelle

Gemüse, Hülsenfrüchte & Getreide

Über 100 Rezepte unter 500 Kalorien
für den Single-Haushalt

Mosaik Verlag

Der Mosaik Verlag ist ein Unternehmen
der Verlagsgruppe Bertelsmann

© 1990 Mosaik Verlag GmbH, München / 5 4 3 2 1
Fotos: Thomas Diercks
Umschlaggestaltung: Mascha Blömer
Satz: Filmsatz Schröter GmbH, München
Reproduktion: Arti Litho, Trento
Druck und Bindung: Mohndruck Graphische
Betriebe GmbH, Gütersloh
Printed in Germany · ISBN 3-570-05869-7

Inhalt

Seite   7   **Aus der Werkstatt**
Seite 122 **Wissenswertes von A bis Z**
Seite 126 **Register**

Rezepte mit Gemüse
Seite 12 Kartoffeln
Seite 18 Tomaten
Seite 24 Spinat
Seite 30 Kohl
Seite 32 Sauerkraut
Seite 34 Sellerie
Seite 36 Möhren
Seite 38 Porree
Seite 40 Grüne Bohnen
Seite 42 Kohlrabi
Seite 44 Brokkoli
Seite 46 Blumenkohl
Seite 48 Fenchel
Seite 50 Zuckerschoten
Seite 52 Grüne Erbsen
Seite 54 Rote Bete
Seite 56 Zucchini

Rezepte mit Hülsenfrüchten
Seite 60 Erbsen
Seite 66 Bohnen
Seite 76 Linsen
Seite 84 Kichererbsen

Rezepte mit Getreide
Seite 94 Grünkern
Seite 98 Buchweizen
Seite 102 Roggen
Seite 106 Weizen
Seite 112 Wildreis
Seite 116 Hirse

Ich danke allen, die mir bei
diesem Buch behilflich waren:
Siemens und Sharp für die Mikrowellengeräte,
Vitri und Revolit für Mikrowellengeschirr,
Bauscher für das Serviergeschirr,
Vitam für die salzarmen Gewürze,
Braun, Krups und Moulinex
für Küchengeräte.

Aus der Werkstatt

Im Januar 1989 kam mein Buch »Mikrowellen-Diät« auf den Markt und war innerhalb von 14 Tagen vergriffen. Die Begeisterung war vermutlich deshalb so groß, weil es das erste Mikrowellen-Buch war mit Ein-Personen-Rezepten, die kalorienarm, gesund und schnell zubereitet sind – und auch noch prima schmecken. Das brachte mich auf die Idee, auf diesem Gebiet weiter zu experimentieren, denn schließlich haben wir in der Bundesrepublik mehr als 9 Millionen Single-Haushalte. Und die finden in den meisten Kochbüchern immer nur Rezepte für vier Personen. Viele wollen sich heute gesund und vollwertig ernähren, damit sie erst gar keine Probleme mit ihrem Gewicht bekommen. Auf der anderen Seite gibt es eine große Anzahl von Menschen, die bereits eine ernährungsbedingte Krankheit haben, und denen der Arzt empfiehlt, sich cholesterin-, natrium- oder purinarm zu ernähren. Damit sind aber viele völlig überfordert, weil es am Wissen über die Zusammensetzung der einzelnen Nahrungsmittel fehlt.

Wenn man nun Kochrezepte machen will, die gesund sind, gut schmecken sollen und wenig Zeit kosten dürfen, so eignet sich nichts besser als das Garen mit der Mikrowelle. Das Essen steht im Nu auf dem Tisch, und der lästige Riesenabwasch bleibt Ihnen erspart. Im Register sind auch die Garzeiten der einzelnen Gerichte angegeben. Manche Gerichte sind in weniger als fünf Minuten fertig.

Da ich dieses Buch für all die gemacht habe, die schon lange kein Fleisch mehr anrühren, taucht auch nirgends der kleinste Krümel Fleisch auf. Nicht einmal ein Stückchen Speck. Dafür aber viele Sorten Gemüse. Und damit noch mehr Abwechslung in die Rezepte kommt, habe ich auch Hülsenfrüchte und Getreide miteinbezogen, die bis jetzt in allen Mikrowellenbüchern viel zu kurz gekommen sind.

Viele werden sich fragen, wie das mit den Hülsenfrüchten und dem Getreide im Single-Haushalt funktionieren soll, da diese doch so lange Garzeiten haben! Hier habe ich einen Trick angewendet, mit dem es möglich ist, einen Erbseneintopf oder ein Linsengericht auch ohne lange Kochzeiten auf den Tisch zu bringen. Hülsenfrüchte und Getreide werden in größeren Mengen gekocht und in kleinen Portionen eingefroren. Mit der Mikrowelle sind diese kleinen Portionen schnell aufgetaut und können dann im Handumdrehen zu den köstlichsten Mahlzeiten weiterverarbeitet werden. Ich habe immer ein Pfund Erbsen, Linsen oder Bohnen gekocht, daraus jeweils zehn Portionen in kleine Plastiktüten gefüllt und eingefroren. Auf Seite 125 finden Sie eine Tabelle mit den Garzeiten und Portionsgrößen für Hülsenfrüchte und Getreide. Deshalb spreche ich in den Rezepten auch immer von »einer Portion Linsen, Erbsen oder Weizen (gegart)«. Das sind die Portionen, die Sie im Gefrierschrank haben sollten. Im Register ist auch vermerkt, zu welchem Gericht Sie diese Portionen vorrätig haben sollten. Übrigens, es ist nicht notwendig, daß Sie nun alle Sorten Hülsenfrüchte und Getreide im Tiefkühlvorrat haben. Wenn zwei oder drei Sorten tiefgefroren zur Hand sind, kommen Sie schon ein gutes Stück weiter.

Helga Köster blickt bereits auf sechs erfolgreiche Bücher zurück. Wenn es um gesunde und gleichzeitig schmackhafte Ernährung geht, ist sie die Expertin. Ihre Devise: Alle Vorschläge müssen praktisch und schnell zuzubereiten sein, denn keiner hat heute Lust, lange in der Küche zu stehen.

Vollwert ist die Devise dieses Buches. Aber es enthält noch viel mehr Pluspunkte. So habe ich zum Beispiel darauf geachtet, daß das **Cholesterin** bei allen Rezepten ganz niedrig ist. Denn viele Leute leiden heute an zu hohen Blutfettwerten, die sie nur mit einer speziellen Ernährung reduzieren können. Dazu gehört, daß alle Nahrungsmittel, die viel Cholesterin enthalten, erst gar nicht in diesen Rezepten auftauchen.

Das gleiche gilt auch für **Purin.** Purin ist der Verursacher von Gelenkerkrankungen. Auch hier kann man viel mit einer vernünftigen Ernährung ausrichten.

Salz, beziehungsweise ein Bestandteil von Salz, nämlich das **Natrium**, verursacht bei dafür empfindlichen Menschen Bluthochdruck. Nun enthalten viele Nahrungsmittel von Natur aus schon viel Salz. Für die Rezepte in diesem Buch habe ich nur Zutaten ausgesucht, die wenig Salz enthalten. Gewürzt wird mit frischen Kräutern oder anderen Gewürzen – mit Salz aus dem Salzstreuer sollten Sie sparsam umgehen.

Alle Rezepte haben meine Mitarbeiterin, Astrid Büscher, und ich neu entwickelt und mehrmals getestet. Die Berechnungen für die einzelnen Rezepte hat unser Computer gemacht. So können Sie sicher sein, daß die Werte, die zu jedem Rezept im Register wie ein kleiner Personalausweis angegeben sind, auch stimmen. Dort können Sie nachschauen, in welchem Bereich bei dem jeweiligen Gericht das Cholesterin, Purin und Natrium liegt, ob hoch, mittelmäßig oder niedrig. Wobei »hoch« heißt: Das ist die Höchstmenge, die Ihnen der Arzt pro Tag empfiehlt, wenn Sie sich extrem einschränken sollen. Außerdem finden Sie im Register auch noch zu jedem Rezept die Kalorienangabe – keins übersteigt die 500-Kalorien-Grenze. Dazu gibt es die Broteinheiten für Diabetiker, die Garzeiten in Minuten – die schnellsten Gerichte sind in zwei Minuten fertig – und einen Hinweis, ob neben der Mikrowelle noch ein Grill oder eine Bratpfanne eingesetzt wird. Denn dieses Buch ist für alle Singles, die nicht viel Zeit und Lust zum Kochen haben.

Alle Rezepte sind für eine Person

9

Auf den näch-
sten Seiten
finden Sie 46
bunte und
schmackhafte
Gemüse-
gerichte vom
Blumenkohl bis
zu den Zucker-
schoten. Kein
Gericht hat
mehr als 500
Kalorien, alle
enthalten wenig
Cholesterin.

Béchamelkartoffeln mit Brunnenkresse

3 Kartoffeln
2 Schalotten
½ Bund Brunnenkresse
1 EL Sonnenblumenöl
2 TL Weizenvollkornmehl
2 MSP klare Gemüsepaste
2 EL Sahne (30%)
weißer Pfeffer aus der Mühle
1 Prise Koriander

Tip: Statt Brunnenkresse können Sie auch 75 Gramm Blattspinat oder ein Päckchen Kresse nehmen. Die Kresse wird zum Schluß nur darübergestreut und nicht mehr gegart.

1. Kartoffeln unter fließendem Wasser gründlich abbürsten und in Scheiben schneiden. Schalotten pellen und fein würfeln. Die Brunnenkresse waschen, gut abtropfen lassen und die Blättchen von den Stielen zupfen.

2. Schalotten zusammen mit dem Öl in eine Schüssel (mit Deckel) geben und offen zwei Minuten mit 600 Watt glasig werden lassen.

3. Mehl, eine dreiviertel Tasse Wasser, Gemüsepaste und Sahne zugeben, umrühren und die Kartoffelscheiben hinzufügen. Drei Minuten mit 600 Watt und vier Minuten mit 360 Watt bei geschlossenem Deckel garen. Zwischendurch zweimal umrühren.

4. Mit Pfeffer und Koriander abschmecken. Die Brunnenkresse zugeben und eine Minute mit 600 Watt bei geschlossenem Deckel weitergaren.

Kartoffeln
mit Champignons

---

2 Kartoffeln

---

150 Gramm Champignons oder andere Pilze

---

1 EL Zitronensaft

---

1 Zwiebel

---

1 Knoblauchzehe

---

1 EL Sonnenblumenöl

Meersalz

---

weißer Pfeffer aus der Mühle

---

1 EL gehackte Petersilie

---

1. Kartoffeln gründlich unter fließendem Wasser abbürsten und in Scheiben schneiden. Champignons putzen und blättrig schneiden, mit dem Zitronensaft beträufeln. Die Zwiebel pellen und in Ringe schneiden.

2. Kartoffelscheiben, Zwiebelringe, in Stifte geschnittene Knoblauchzehe und Öl in einer Schüssel (mit Deckel) mischen und zugedeckt vier Minuten mit 600 Watt garen. Zwischendurch einmal umrühren.

3. Champignons untermischen, mit Salz und Pfeffer würzen. Wieder zudecken und drei Minuten mit 600 Watt weitergaren. Dabei noch einmal umrühren. Zum Schluß mit Petersilie bestreuen.

13

Kartoffelpüree mit Apfel und Zwiebel

3 Kartoffeln
1 MSP klare Gemüsepaste
1 kleiner süßlicher Apfel
1 Zwiebel
1 EL Sonnenblumenöl
Meersalz
weißer Pfeffer aus der Mühle
2 EL Sahne (30%)
geriebene Muskatnuß

1. Kartoffeln schälen, würfeln und in einer halben Tasse Wasser mit der Gemüsepaste sieben Minuten mit 600 Watt zugedeckt garen.
2. Den Apfel waschen und in Spalten schneiden. Die Zwiebel pellen und in Streifen schneiden.
3. Das Öl in einer beschichteten Pfanne erhitzen. Zuerst die Zwiebeln darin glasig dünsten. Die Apfelspalten zugeben und kurz mitbraten. Mit Salz und Pfeffer würzen.
4. Kartoffeln, restliches Kochwasser und Sahne mit dem Elektroquirl pürieren. Mit Muskatnuß würzen.
5. Das Kartoffelpüree mit Apfel- und Zwiebelstückchen auf einem Teller anrichten.

Überbackene Kartoffeln mit Zucchini

3 Kartoffeln
1 kleine Zucchini
2 EL Sahne (30%)
1 MSP Gemüsepaste
Meersalz
weißer Pfeffer aus der Mühle
geriebene Muskatnuß
4 EL geriebener Käse (45%)

1. Kartoffeln unter fließendem Wasser gründlich abbürsten. Zucchini putzen und waschen. Kartoffeln und Zucchini in sehr dünne Scheiben schneiden, am besten mit der feinen Schneidscheibe der Haushaltsmaschine oder mit einem Gurkenhobel.
2. Kartoffel- und Zucchinischeiben abwechselnd dachziegelartig in eine flache ofenfeste Form schichten.
3. Sahne, zwei Eßlöffel Wasser, Gemüsepaste, Salz, Pfeffer, Muskatnuß und geriebenen Käse zu einer Paste verrühren. Diese Käsemischung auf den Kartoffel- und Zucchinischeiben verteilen.
4. Sechs Minuten mit Grill Stufe 3 und 600 Watt offen überbacken.

Kartoffelcremesuppe mit Croûtons

3 Kartoffeln

1 Päckchen TK-Suppengrün

Selleriesalz

weißer Pfeffer aus der Mühle

½ kleine Scheibe Vollkornbrot

1 TL Butter oder Margarine

½ Tasse Sahne (30%)

einige Petersilienblättchen

1. Kartoffeln schälen, würfeln und zusammen mit dem Suppengrün in einen hohen Becher (mit Deckel) geben. Knapp eineinhalb Tassen Wasser, etwas Selleriesalz und Pfeffer dazugeben und acht Minuten mit 600 Watt zugedeckt garen. Zwischendurch einmal umrühren.
2. Das Brot würfeln und in einer beschichteten Pfanne rundherum knusprig braten. Die Butter zugeben und die Brotwürfel darin wenden, bis sie die Butter aufgesogen haben.
3. Die Kartoffeln in dem Kochwasser und der Sahne mit einem Elektroquirl pürieren. Noch einmal abschmecken und eventuell zwei Minuten mit 360 Watt zugedeckt weitererhitzen.
4. Die Suppe in eine Suppenschale füllen und mit den Croûtons und einigen Petersilienblättchen garnieren.

Warmer Kartoffelsalat mit Gurke

3 festkochende Kartoffeln

2 MSP Gemüsepaste

1 EL Sonnenblumenöl

2 EL Weinessig

schwarzer Pfeffer aus der Mühle

Meersalz

1 Stück Gurke (50 Gramm)

1 Schalotte

2 EL Schnittlauchröllchen

1. Die Kartoffeln schälen und waschen, anschließend in dünne Scheiben schneiden.
2. Eine Tasse Wasser mit Gemüsepaste, Öl, Essig und Pfeffer zwei Minuten mit 600 Watt zugedeckt erhitzen.
3. Kartoffelscheiben zugeben und zehn Minuten mit 600 Watt zugedeckt garen. Zwischendurch einmal umrühren, damit die Hitze sich gleichmäßig verteilt. Eventuell etwas salzen.
4. Die Gurke waschen und in Scheiben schneiden, die Schalotte pellen und fein würfeln. Die Gurkenscheiben und Schalottenwürfel unter den heißen Kartoffelsalat mischen und etwas abkühlen lassen.
5. Die Schnittlauchröllchen dazugeben und den Salat lauwarm auf einem Teller anrichten.

Tip: Festkochende Kartoffeln brauchen einige Minuten länger als mehlige. Prüfen Sie also, ob die Kartoffeln gar sind, bevor Sie die Gurke zugeben.

Klare Tomatensuppe mit Thymian

3 Tomaten
1 MSP klare Gemüsepaste
1 Lorbeerblatt
2 Zweige Thymian (ersatzweise ½ TL getrockneter Thymian)
2 EL Weißwein
½ TL brauner Zucker
schwarzer Pfeffer aus der Mühle
1 Frühlingszwiebel

1. Tomaten waschen, vierteln und das Innere der Tomaten in eine Schüssel (mit Deckel) geben. Eineinhalb Tassen Wasser, Gemüsepaste, Lorbeerblatt, Thymianzweige, Wein, Zucker und etwas Pfeffer dazugeben und vier Minuten mit 600 Watt zugedeckt garen.
2. Tomatenviertel in Spalten teilen, die Frühlingszwiebel putzen, waschen und schräg in feine Ringe schneiden.
3. Brühe durch ein Sieb in eine zweite Schüssel (mit Deckel) gießen, Tomatenspalten und Zwiebelringe zugeben und eine Minute mit 600 Watt zugedeckt erhitzen.

Tomatensuppe mit Tofuklößchen

100 Gramm Tofu
2 EL Vollkornzwiebackbrösel
1 Eiweiß (Handelsklasse 3)
Meersalz
schwarzer Pfeffer aus der Mühle
1 Knoblauchzehe
2 EL gehacktes Basilikum und einige Blättchen
4 MSP Gemüsepaste
1 Zwiebel
1 EL Sonnenblumenöl
2 große Tomaten
2 EL Tomatenmark (Tube)
2 TL brauner Zucker
1 TL getrockneter Oregano
1 EL Crème fraîche

1. In einer Schüssel Tofu mit Vollkornzwiebackbröseln, Eiweiß, Salz, Pfeffer, zerdrückter Knoblauchzehe und gehacktem Basilikum verkneten. Zwei Messerspitzen Gemüsepaste in einer halben Tasse Wasser auflösen und die Tofumasse damit glattrühren.
2. Auf fünf Stück Mikrofolie kleine Tofuhäufchen setzen und die Folie oben zusammendrehen.
3. Zwiebel pellen, würfeln und zusammen mit dem Öl in einer Schüssel (mit Deckel) offen zwei Minuten mit 600 Watt dünsten.
4. Tomaten in feine Würfel schneiden, zur Zwiebel geben und

eine Tasse Wasser zugießen. Tomatenmark, restliche Gemüsepaste, Salz, Pfeffer, Zucker und Oregano unterrühren.

5. Den Deckel umgedreht auf die Schüssel legen. Die Klößchen auf den Deckel setzen und alles acht Minuten mit 600 Watt garen. Die Suppe zwischendurch einmal umrühren und die Klößchen umsetzen.

6. Die Suppe in einen tiefen Teller füllen, die ausgewickelten Klößchen hineingeben, mit einem Eßlöffel Crème fraîche und Basilikumblättchen servieren.

Tomaten-Kartoffel-Pizza

3 Kartoffeln
2 EL Zitronensaft
2 EL Sahne (30%)
1 EL Weißwoin
2 EL geriebener Käse (45%)
Meersalz
schwarzer Pfeffer aus der Mühle
½ TL getrockneter Oregano
½ TL brauner Zucker
2 kleine Tomaten
⅓ Kugel Mozzarella (50 Gramm)
2 EL Basilikumblättchen

1. Kartoffeln schälen, waschen und grob raffeln. Mit dem Zitronensaft vermengen und etwas ziehen lassen.

2. Sahne mit Wein, Käse, Salz, Pfeffer, Oregano und Zucker verrühren.

3. Die Kartoffeln abtropfen lassen und in eine flache ofenfeste Form füllen, die Sahnesauce darübergießen und vorsichtig mischen. Die Auflaufform mit Mikrofolie abdecken und sechs Minuten mit 600 Watt garen. Den Grill auf Stufe 3 vorheizen.

4. Tomaten in Spalten und Mozzarella in Scheiben schneiden. Auf die Kartoffeln legen und mit Salz und Pfeffer würzen. Fünf Minuten übergrillen. Zum Schluß die Basilikumblättchen auf den Tomaten verteilen.

Tomaten mit Aubergine

1 kleine Aubergine
Meersalz
3 große Tomaten
1 Knoblauohzoho
1 EL Sonnenblumenöl
1 EL Tomatenmark (Tube)
schwarzer Pfeffer aus der Mühle
1 TL brauner Zucker
1 TL getrockneter Oregano
½ Becher Sahnejoghurt
1 MSP Cayennepfeffer

1. Aubergine waschen und längs in Scheiben schneiden. Salzen und auf Küchenkrepp legen.

2. Tomaten waschen, halbieren und den Stielansatz herausschneiden.

3. Die Tomatenhälften mit einem Löffel aushöhlen und das Tomatenfleisch in Streifen schneiden.

4. Das Tomateninnere in einem hohen Topf auffangen. Zerdrückte Knoblauchzehe, Öl, Tomatenmark, Salz, Pfeffer, Zucker und Oregano zugeben und mit dem Schneidstab pürieren.

5. Die Auberginenscheiben trockentupfen und in eine Auflaufform legen. Die Tomatensauce darübergießen und zugedeckt fünf Minuten mit 600 Watt garen.

6. Die Tomatenstreifen darauf verteilen und zugedeckt zwei Minuten mit 600 Watt weitergaren.

7. Joghurt mit wenig Salz und Cayennepfeffer verrühren und über die Tomaten gießen.

Tomaten-Paprika-Pfanne

1 Paprikaschote (rot, grün oder gelb)
2 Tomaten
2 Zwiebeln
1 EL Sonnenblumenöl
1 Portion Naturreis (gegart)
1 EL Weinessig
1 TL brauner Zucker
Meersalz
weißer Pfeffer aus der Mühle
1 TL Edelsüß-Paprika
2 EL gehackte Petersilie

1. Paprikaschote und Tomaten waschen und putzen. Paprikaschote in talergroße Stücke schneiden. Die Tomaten achteln und dabei den Stielansatz herausschneiden. Die Zwiebeln pellen und in Scheiben schneiden.

2. Die Zwiebeln in dem Öl in einer Porzellanpfanne zwei Minuten mit 600 Watt offen dünsten.

3. Reis, Paprika und Tomaten mit den Zwiebeln mischen.

4. Eine Sauce rühren aus zwei Eßlöffel Wasser, Weinessig, Zucker, wenig Salz, Pfeffer und Edelsüß-Paprika und über das Gemüse gießen.

5. Zugedeckt fünf Minuten mit 600 Watt garen, zwischendurch einmal umrühren. Zum Schluß mit der Petersilie bestreuen.

Gefüllte Tomaten

3 große Tomaten
1 EL Tomatenmark (Tube)
2 EL Sahne (30%)
Meersalz
weißer Pfeffer aus der Mühle
1 TL brauner Zucker
1 Portion Naturreis (gegart)
2 TL Sonnenblumenöl
1 EL Zitronensaft
4 EL gehackte gemischte Kräuter oder 1 Päckchen TK-8-Kräuter
3 EL geriebener Käse (45%)

1. Tomaten waschen, Stielansatz heraus- und Deckel abschneiden. Die Tomaten aushöhlen, das Tomateninnere in einer Schüssel (mit Deckel) auffangen. Die Tomaten in eine Porzellanpfanne setzen.

2. Das Tomateninnere mit Tomatenmark, Sahne, Salz, Pfeffer und Zucker verrühren und zudecken.

3. Reis mit Öl, Zitronensaft, Salz, Pfeffer und der Hälfte der Kräuter mischen und in die Tomaten füllen.

Die Tomaten mit dem Käse bestreuen.

4. Tomaten offen und Sauce zugedeckt sechs Minuten mit 600 Watt garen. Zwischendurch die Sauce umrühren und nach drei Minuten alles offen weitergaren.

5. Beides herausnehmen. Die restlichen Kräuter in die Sauce geben und unterrühren. Die Tomaten auf einen Teller setzen, die Sauce neben die Tomaten gießen.

Spinat mit Kartoffelgratin

3 gekochte Kartoffeln
4 EL geriebener Käse (45%)
2 EL Sahne (30%)
1 MSP klare Gemüsepaste
weißer Pfeffer aus der Mühle
150 Gramm geputzter Blattspinat
1 EL Zitronensaft
Meersalz
1 EL Sonnenblumenöl
1 Knoblauchzehe

1. Kartoffeln pellen und in Scheiben schneiden. Eine ofenfeste Form oder Teller halb mit den Kartoffelscheiben auslegen.

2. Käse mit Sahne, zwei Eßlöffel Wasser, Gemüsepaste und Pfeffer vermengen und auf den Kartoffeln verteilen.

3. Den geputzten Spinat grob hacken. In einer Schüssel (mit Deckel) Zitronensaft, einen Eßlöffel Wasser, Salz und Pfeffer verrühren. Spinat zugeben.

4. Die Kartoffeln vier Minuten mit 360 Watt und Grill Stufe 3 offen überbacken und beiseite stellen.

5. Den Spinat zugedeckt eineinhalb Minuten mit 600 Watt garen. Zwischendurch einmal umrühren. Öl und gehackte Knoblauchzehe zugeben und offen eine Minute mit 600 Watt weitererhitzen. Den Spinat neben dem Kartoffelgratin anrichten.

Spinatsuppe mit Mandeln

1 TL Weizenvollkornmehl
1 EL Walnußöl
2 EL Sahne (30%)
1 EL Zitronensaft
Meersalz
weißer Pfeffer aus der Mühle
1 Päckchen TK-Spinat (feingehackt, 150 Gramm)
1 EL Mandelblättchen
1 EL Crème fraîche

1. In einer kleinen Schüssel (mit Deckel) Mehl, Öl, Sahne, Zitronensaft, eine halbe Tasse Wasser, Salz und Pfeffer verrühren. Zwei Minuten mit 600 Watt zugedeckt erhitzen. Zwischendurch einmal umrühren.

2. Den gefrorenen Spinat zugeben und zugedeckt acht Minuten mit 360 Watt erhitzen. Zwischendurch zwei- bis dreimal umrühren.

3. Mandelblättchen in einer beschichteten Pfanne so anrösten, daß sie etwas Farbe annehmen.

4. Die Suppe in eine Suppenschale füllen. Einen dicken Klecks Crème fraîche daraufsetzen und mit den gerösteten Mandelblättchen bestreuen.

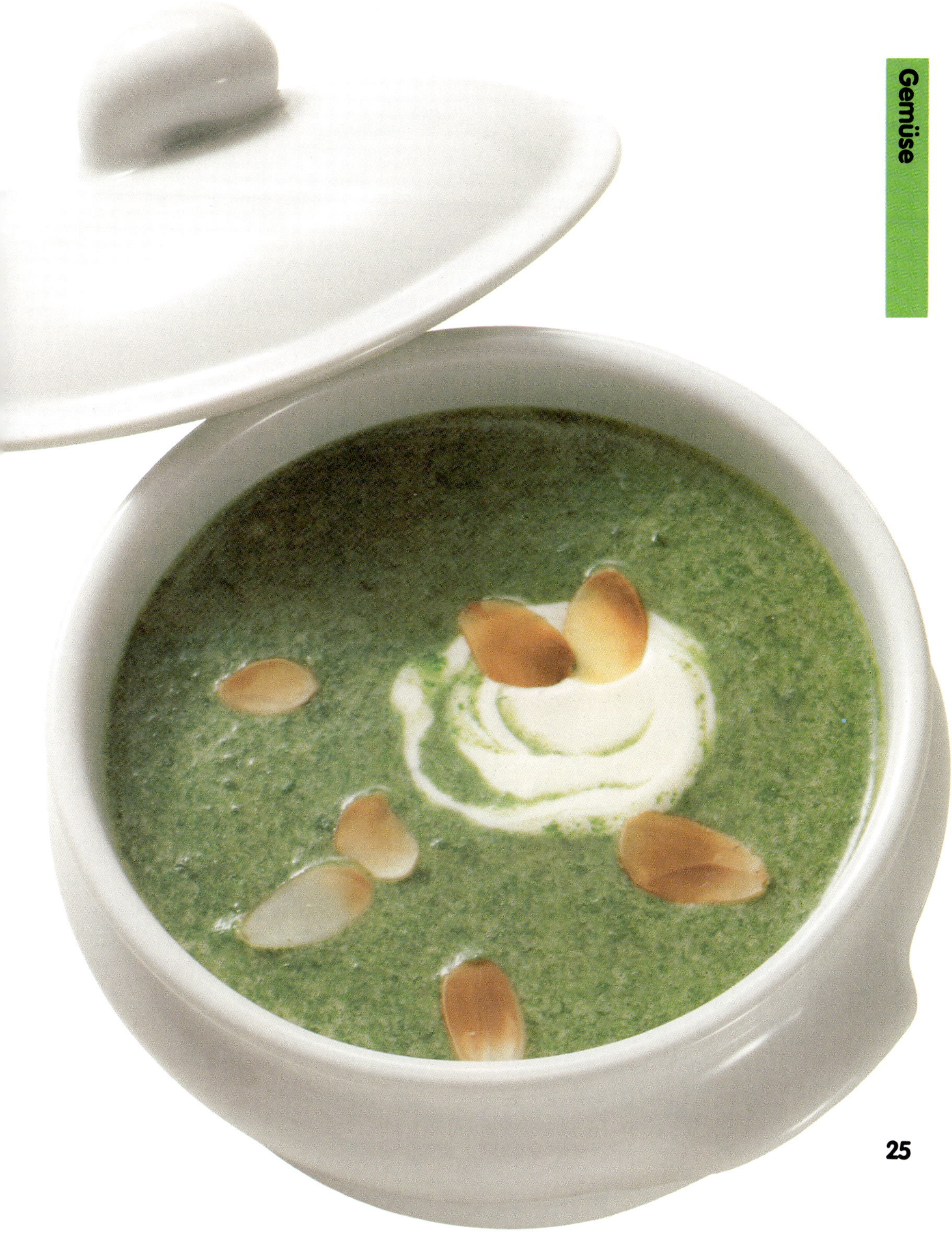

Spinatklößchen mit Currysahne

1 EL Zitronensaft
1 Knoblauchzehe
Meersalz
weißer Pfeffer aus der Mühle
150 Gramm geputzter Blattspinat
3 gekochte Kartoffeln
1 TL Weizenvollkornmehl
1 EL Sonnenblumenöl
1 TL brauner Zucker
4 EL Sahne (30%)
1 TL Curry

1. In eine Schüssel (mit Deckel) einen Eßlöffel Wasser, Zitronensaft, durchgepreßte Knoblauchzehe, Salz und Pfeffer geben. Den geputzten Spinat grob hacken, zugeben und alles mischen. Zugedeckt eineinhalb Minuten mit 600 Watt garen. Zwischendurch einmal umrühren.
2. Die Kartoffeln pellen und in den Spinat reiben, alles gut miteinander vermengen. Nochmals abschmecken. Auf drei Stück Mikrofolie drei Spinathäufchen setzen und die Mikrofolie gut zudrehen.
3. In einer Schüssel eine Sauce aus Mehl, Öl, Zucker, etwas Salz, Sahne, Curry und zwei Eßlöffel Wasser rühren und mit Mikrofolie zudecken.
4. Eine Schüssel mit einer Tasse Wasser füllen, die Klößchen hin-

einsetzen. Klößchen und Sauce drei Minuten mit 600 Watt erhitzen. Die Sauce einmal durchrühren und Klößchen und Sauce zwei Minuten mit 600 Watt weitergaren

Überbackener Spinat auf Knusperbrot

150 Gramm geputzter Blattspinat
1 TL Weizenvollkornmehl
1 TL und 1 EL Walnußöl
Meersalz
weißer Pfeffer aus der Mühle
geriebene Muskatnuß
2 EL Sahne (30%)
1 EL Weißwein
2 EL geriebener Käse (45%)
1 Zwiebel
1 EL Zitronensaft
3 Scheiben Vollkornzwieback

1. Den geputzten Spinat grob hacken.
2. In einem Glasschälchen eine Sauce rühren aus Mehl, einem Teelöffel Öl, wenig Salz, Pfeffer, Muskatnuß, Sahne, Weißwein und Käse. Mit einer Untertasse zudecken.
3. In eine große Schüssel (mit Deckel), in die nachher der Spinat paßt, einen Eßlöffel Öl gießen. Die Zwiebel pellen, würfeln und zugeben. Die Zwiebelwürfel in dem Öl

offen zwei Minuten mit 600 Watt andünsten.

4. Zitronensaft, wenig Salz, Pfeffer und den Spinat zugeben, alles gut mischen.

5. Sauce und Spinat zusammen ins Mikrowellengerät stellen und zugedeckt zwei Minuten mit 600 Watt garen. Gleichzeitig den Grill auf Stufe 3 vorheizen.

6. Sauce und Spinat herausnehmen. Die Sauce gut durchquirlen und eine Minute zugedeckt mit 600 Watt weitergaren.

7. Den Spinat gut ausdrücken und auf die Vollkornzwiebacke häufen. Die Sauce darauf verteilen. Die Knusperbrote unter dem Grill so lange überbacken, bis sie hellbraun sind.

Spaghetti mit Spinatsauce

Meersalz

75 Gramm Vollkornnudeln (Hirse-, Weizen- oder Sojanudeln)

20 Gramm Gorgonzola

2 EL Crème fraîche

weißer Pfeffer aus der Mühle

150 Gramm geputzter Blattspinat

1. In einer Schüssel (mit Deckel) drei Tassen Wasser mit etwas Salz zugedeckt in drei bis vier Minuten mit 600 Watt zum Kochen bringen. Nudeln zugeben und zehn Minuten mit 600 Watt zugedeckt garen. Zwischendurch zweimal umrühren. Die Nudeln im Kochwasser beiseite stellen.
2. In eine Schüssel (mit Deckel), die groß genug ist, daß der Spinat hineinpaßt, Gorgonzola, Crème fraîche und etwas Pfeffer geben.
3. Die Sauce in der Mikrowelle zugedeckt eine Minute mit 600 Watt erhitzen, den grob gehackten Spinat zugeben und unter die Sauce mengen. Eineinhalb Minuten mit 600 Watt zugedeckt weitergaren.
4. Die Nudeln abgießen und auf einem Teller anrichten. Spinat noch einmal mit der Sauce vermengen und über die Nudeln gießen.

Tip: Für dieses Rezept können Sie verschiedene Nudelsorten verwenden. Die Garzeit richtet sich nach der Sorte (Hirsenudeln brauchen z. B. nur sechs bis acht Minuten). Nudeln garen in der Mikrowelle nicht schneller als auf dem Herd, weil sie diese Zeit brauchen, damit das Mehl ausquellen kann. Sie können die Nudeln daher auch genauso schnell auf dem Herd zubereiten oder eine Portion eingefrorene Nudeln nehmen.

Spinatpfanne

150 Gramm geputzter Blattspinat
Meersalz
weißer Pfeffer aus der Mühle
1 Knoblauchzehe
100 Gramm geputzte Champignons
1 Portion Naturreis (gegart)
1 EL Zitronensaft
2 EL Sonnenblumenöl

1. Spinat grob hacken. Mit Salz und Pfeffer würzen. Knoblauch-zehe pellen und in feine Scheiben schneiden. Champignons kurz abspülen, dann halbieren.

2. In eine größere flache Form zu-erst den Reis füllen, dann den Spi-nat und die Champignons hinein-geben.

3. Die Knoblauchscheibchen dar-auf verteilen. Mit Zitronensaft und Öl beträufeln und mit Mikrofolie zugedeckt drei Minuten mit 600 Watt garen. Die Schüssel zwi-schendurch einmal drehen.

29

Chinakohlrouladen mit Pilzsauce

100 Gramm Tofu
Meersalz
weißer Pfeffer aus der Mühle
2 EL gehackte Petersilie
50 Gramm Pfifferlinge
3 große Chinakohlblätter (oder Wirsing, Spitzkohl)
1 TL Weizenvollkornmehl
1 TL Sonnenblumenöl
1 TL Zitronensaft
2 EL Sahne (30%)
1 MSP gemahlene, getrocknete Pilze (wenn Sie haben)

1. Tofu mit einer Gabel zerdrükken. Mit Salz, Pfeffer, gehackter Petersilie und zwei Eßlöffel Wasser vermengen. Die Hälfte der geputzten Pfifferlinge hacken und unter die Masse rühren.

2. Die Chinakohlblätter waschen, trockentupfen und die harten Rippen herausschneiden. Die Tofumasse auf die Blätter geben, drei Rouladen aufwickeln und mit Baumwollfaden zusammenbinden. Die Rouladen in eine Schüssel (mit Deckel) setzen, vier Eßlöffel Wasser zugießen und mit etwas Salz würzen.

3. Mehl mit Öl, Zitronensaft, Sahne und gemahlenen Pilzen verrühren. Mit Salz und Pfeffer würzen und die restlichen Pfifferlinge zugeben.

4. Rouladen zugedeckt vier Minuten mit 600 Watt garen. Nach dieser Zeit die Schüssel einmal drehen und die Sauce dazustellen. Zusammen weitere drei Minuten mit 600 Watt garen. Die Sauce während dieser Zeit einmal umrühren.

5. Die Rouladen auf einen Teller legen, das Kochwasser (ca. vier Eßlöffel) zu der Sauce gießen und gut verrühren. Die Pilzsauce neben die Rouladen gießen.

Tip: Sie können auch statt der frischen Pfifferlinge getrocknete Pilze verwenden. Ein Tütchen reicht aus. Der Tofu wird dann statt mit Wasser mit der gleichen Menge Einweichwasser der Pilze glattgerührt.

Spitzkohl mit Orangensauce

½ Spitzkohl
Meersalz
weißer Pfeffer aus der Mühle
1 TL und 1 EL Zitronensaft
1 Orange (ungespritzt)
1 TL Weizenvollkornmehl
1 EL Walnußöl
2 EL Sahne (30%)
1 TL brauner Zucker
2 EL gehackte Haselnüsse

1. Spitzkohl putzen, einmal längs teilen und in eine Schüssel (mit Deckel) legen. Eine halbe Tasse Wasser, etwas Salz, Pfeffer und einen Teelöffel Zitronensaft zugeben.
2. Von der Orange einen Teelöffel Schale abreiben. Dann die Orange schälen und die Spalten herauslösen, dabei den Saft auffangen.
3. In einer Schüssel (mit Deckel) Mehl, Öl, Zitronen- und Orangensaft, Sahne, Pfeffer, Salz, Orangenschale und Zucker verquirlen.
4. Sauce und Spitzkohl zusammen zugedeckt fünf Minuten mit 600 Watt garen. Zwischendurch die Sauce einmal umrühren und die Schüssel mit dem Kohl drehen.
5. Die Spitzkohlviertel auf einem Teller anrichten, Orangenfilets danebenlegen, mit gehackten Haselnüssen bestreuen und die Sauce über den Spitzkohl gießen.

Tip: Statt Spitzkohl können Sie ebensogut Wirsing- oder Chinakohl verwenden.

Sauerkrautsuppe

250 Gramm Sauerkraut
1 Lorbeerblatt
2 Wacholderbeeren
1 Nelke
½ TL brauner Zucker
Meersalz
schwarzer Pfeffer aus der Mühle
½ TL Edelsüß-Paprika
½ TL klare Gemüsepaste
50 Gramm geräucherter Tofu
2 EL Crème fraîche

Sauerkraut mit Weintrauben

3 Kartoffeln
Meersalz
150 Gramm Sauerkraut
25 Gramm geräucherter Tofu
1 Zwiebel
weißer Pfeffer aus der Mühle
1 TL brauner Zucker
1 EL Weißwein
100 Gramm blaue Weintrauben
2 EL Sahne (30%)
1 TL Butter oder Margarine

1. Sauerkraut kleinschneiden und in eine Schüssel (mit Deckel) füllen. Lorbeerblatt, Wacholderbeeren, Nelke, Zucker, wenig Salz, Pfeffer und Edelsüß-Paprika dazugeben. Die Gemüsepaste in zwei Tassen heißem Wasser auflösen, dazugeben und unterrühren. Zugedeckt fünf Minuten mit 600 Watt garen. Zwischendurch einmal umrühren.

2. Tofu in kleine Würfel schneiden und in einer Pfanne hellbraun rösten.

3. Die Suppe in einen Suppenteller füllen, die Tofuwürfel darauf verteilen. In die Mitte einen Klecks Crème fraîche geben und zum Schluß mit etwas Edelsüß-Paprika bestäuben.

1. Kartoffeln schälen, würfeln und mit drei Eßlöffel Wasser und etwas Salz in einen hohen Becher (mit Deckel) geben.

2. Sauerkraut grob hacken und in eine Schüssel (mit Deckel) füllen. Tofu und gepellte Zwiebel fein würfeln und dazugeben. Mit Salz, Pfeffer und Zucker würzen, eine halbe Tasse Wasser und Wein zugeben und einmal mischen.

3. Sauerkraut und Kartoffeln zugedeckt zusammen zehn Minuten mit 600 Watt garen. Beides zwischendurch einmal umrühren.

4. Weintrauben waschen und unter das Sauerkraut mischen. Das Sauerkraut noch einmal zugedeckt eine Minute mit 600 Watt erhitzen.

5. Kartoffeln mit dem restlichen Kochwasser, Sahne und Butter pürieren und auf einem Teller oder einer Platte anrichten. Das Sauerkraut mit den Weintrauben danebenlegen.

Sellerieschnitzel mit Kartoffelschnee

3 Kartoffeln

Meersalz

1 kleiner Knollensellerie mit Grün
(ca. 150 Gramm)

1 Eiweiß (Handelsklasse 3)

schwarzer Pfeffer aus der Mühle

2 TL Vollkornzwiebackbrösel

2 TL Sesam

1 EL Sonnenblumenöl

1 TL Butter oder Margarine

1 EL gehacktes Selleriegrün

1. Kartoffeln schälen, waschen und würfeln. In eine Schüssel (mit Deckel) füllen, eine halbe Tasse Wasser und etwas Salz zugeben und zugedeckt sieben Minuten mit 600 Watt garen. Zwischendurch einmal umrühren.

2. Sellerie schälen und in ein Zentimeter dicke Scheiben schneiden. Eiweiß mit etwas Salz und Pfeffer verquirlen und auf einen flachen Teller gießen. Zwiebackbrösel und Sesam mischen und ebenfalls auf einen flachen Teller schütten. Die Selleriescheiben erst im Eiweiß, dann in der Sesampanade wenden.

3. Öl in einer Pfanne erhitzen und die Selleriescheiben darin braten.

4. Kartoffeln abgießen und durch die Kartoffelpresse direkt auf einen Teller drücken. Mit Butterflöck-

chen und gehacktem Selleriegrün bestreuen. Die Sellerieschnitzel daneben anrichten.

Tip: Wenn Sie kein Selleriegrün haben, nehmen Sie gehackte Petersilie.

Selleriecremesuppe

150 Gramm Knollensellerie

Meersalz

weißer Pfeffer aus der Mühle

geriebene Muskatnuß

1 Lorbeerblatt

2 EL Weißwein

2 EL Sahne (30%)

1 EL gehacktes Selleriegrün und einige Blättchen (oder Petersilie)

1. Sellerie schälen, waschen und in große Würfel schneiden. Selleriewürfel in einen hohen Becher (mit Deckel) füllen. Eine gute Tasse Wasser, Salz, Pfeffer, Muskatnuß, Lorbeerblatt und Wein zugeben und zugedeckt sechs Minuten mit 600 Watt garen. Zwischendurch einmal umrühren.

2. Das Lorbeerblatt herausnehmen, die Sahne zugießen und mit dem Schneidstab pürieren. Die Suppe dann durch ein nicht zu engmaschiges Sieb streichen und mit dem gehackten Selleriegrün verrühren. In eine Suppenschale füllen und mit einigen Sellerieblättchen verzieren.

Tip: Wer die Suppe ganz vollwertig haben möchte, streicht sie nicht durch das Sieb. Sie ist dann allerdings nicht so fein.

Möhren in Dillsahne

3 Kartoffeln
3 kleine Möhren
2 Frühlingszwiebeln
2 MSP Gemüsepaste
2 TL Weizenvollkornmehl
1 EL Sonnenblumenöl
2 EL Sahne (30%)
1 TL brauner Zucker
2 EL gehackter Dill

1. Gemüse putzen und waschen. Die Kartoffeln würfeln, die Möhren und Frühlingszwiebeln schräg in Scheiben schneiden.

2. In eine Schüssel (mit Deckel) die Kartoffelwürfel geben, eine Tasse Wasser zugießen und Gemüsepaste zugeben. Zugedeckt vier Minuten mit 600 Watt garen, einmal umrühren.

3. In einer Glasschüssel Mehl mit Öl, Sahne und Zucker verrühren und zu den Kartoffeln gießen. Die Möhrenscheiben zugeben und zugedeckt zwei Minuten mit 600 Watt garen. Zwischendurch einmal umrühren.

4. Die Frühlingszwiebeln unterheben und den Eintopf mit geschlossenem Deckel vier Minuten mit 600 Watt weitergaren. Dabei einmal umrühren. Mit Dill bestreuen.

Möhrchen mit süßer Butter

150 Gramm kleine Möhren
Meersalz
3 Kartoffeln
1 EL brauner Zucker
4 TL Butter oder Margarine
1 EL gehackte Petersilie

1. Möhren schaben, waschen und in eine Schüssel (mit Deckel) legen. Eine halbe Tasse Wasser mit wenig Salz zugießen.

2. Kartoffeln schälen und würfeln. Mit drei Eßlöffel Wasser und etwas Salz in eine Schüssel (mit Deckel) füllen.

3. Beides zusammen zugedeckt neun Minuten mit 600 Watt garen. Zwischendurch Kartoffeln und Möhren einmal umrühren.

4. Zucker und Butter in eine Glasschüssel geben und drei Minuten mit 600 Watt offen erhitzen.

5. Kartoffeln durch die Kartoffelpresse direkt auf einen Teller drücken. Möhren aus der Kochflüssigkeit nehmen und in der Butter schwenken. Zusammen mit der Butter neben dem Kartoffelschnee anrichten. Mit gehackter Petersilie bestreuen.

Porree mit Selleriepüree

1 Bund Suppengrün

2 Kartoffeln

Meersalz

weißor Pfcffer aus der Mühle

1 EL Zitronensaft

1 TL brauner Zucker

1 TL Butter oder Margarine

1 EL gehackte Petersilie

1. Suppengrün putzen und waschen. Kartoffeln schälen und ebenfalls waschen.

2. Knollensellerie, Petersilienwurzel und Kartoffeln in große Würfel schneiden. Alles in einen hohen Becher (mit Deckel) füllen. Eine dreiviertel Tasse Wasser zugießen, wenig Salz und Pfeffer zugeben und zugedeckt acht Minuten mit 600 Watt garen. Zwischendurch zweimal umrühren.

3. Möhre in kleine Stifte schneiden, kleinen Porree ganz lassen, großen Porree in Stücke schneiden. Möhre und Porree in eine Schüssel (mit Deckel) legen. Zitronensaft, drei Eßlöffel Wasser, Zucker, Salz und Pfeffer zugeben. Zugedeckt zu dem hohen Becher stellen und alles zusammen fünf Minuten mit 600 Watt weitergaren. Dabei beides einmal umrühren.

4. Topf und Schüssel herausnehmen. Die Butter zum Porree-Möhren-Gemüse geben, das Gemüse darin schwenken. Die restliche Flüssigkeit zum Knollensellerie gießen.

5. Die Knollensellerie-Kartoffel-Petersilienwurzel-Mischung mit dem Elektroquirl pürieren.

6. Das Püree auf einem Teller anrichten – eventuell mit einem Spritzbeutel daraufspritzen. Porree und Möhrenstifte danebenlegen. Das Gemüse mit gehackter Petersilie bestreuen.

Porree mit Gorgonzolasauce

1 Portion Naturreis (gegart)
1 TL Weizenvollkornmehl
1 TL Sonnenblumenöl
2 EL Sahne (30%)
1 EL Weißwein
30 Gramm Gorgonzola
weißer Pfeffer aus der Mühle
1 EL gehackte Haselnüsse
1 Stange Porree
1 EL Zitronensaft
Meersalz

1. Den gegarten Reis in eine kleine Schüssel (mit Deckel) füllen und zudecken.

2. In einem Glasschälchen eine Sauce rühren aus Mehl, Öl, Sahne, Wein, kleingeschnittenem Gorgonzola, Pfeffer und Haselnüssen. Das Glasschälchen mit Mikrofolie abdecken.

3. Porree putzen, waschen und in dicke Ringe schneiden. In eine Schüssel (mit Deckel) geben. Zitronensaft, Salz, Pfeffer und zwei Eßlöffel Wasser zugeben und zudecken.

4. Alle drei Schüsseln (Reis, Sauce und Porree) fünf Minuten mit 600 Watt garen. Alles zwischendurch einmal umrühren und die Schüsseln umsetzen.

5. Reis und Porree auf einem Teller anrichten und die Sauce neben den Porree gießen.

Sahnebohnen mit Petersilienkartoffeln

3 Kartoffeln
Meersalz
150 Gramm Stangenbohnen
1 TL Weizenvollkornmehl
1 TL Sonnenblumenöl
1 TL Zitronensaft
2 EL Sahne (30%)
schwarzer Pfeffer aus der Mühle
1 EL gehacktes Bohnenkraut
1 TL Butter oder Margarine
1 EL gehackte Petersilie

1. Kartoffeln schälen, halbieren und zusammen mit einer halben Tasse Salzwasser in eine Schüssel (mit Deckel) geben.

2. Bohnen putzen, waschen und schräg in ein Zentimeter breite Stücke schneiden. In einer Schüssel (mit Deckel) Mehl, Sonnenblumenöl, Zitronensaft, Sahne, zwei Eßlöffel Wasser, etwas Salz und Pfeffer verrühren, dann die Bohnen dazugeben.

3. Bohnen und Kartoffeln zusammen zugedeckt zehn Minuten mit 600 Watt garen. Zwischendurch beides einmal umrühren. In der letzten Minute das Bohnenkraut zu den Bohnen geben.

4. Kartoffeln abgießen, Butter und Petersilie zugeben und darin schwenken. Petersilienkartoffeln neben die Sahnebohnen legen.

Grüne Bohnen mit Sesamtofu

100 Gramm Kenia-Bohnen
Meersalz
2 kleine Tomaten
1 Knoblauchzehe
1 TL und 1 EL Sonnenblumenöl
½ TL brauner Zucker
schwarzer Pfeffer aus der Mühle
50 Gramm Tofu
2 TL Sesam

1. Bohnen putzen, waschen und zusammen mit einer halben Tasse Salzwasser in eine Schüssel (mit Deckel) füllen.

2. Tomaten waschen, vierteln, das Innere mit einem Löffel herauslösen. Das Tomatenfleisch würfeln. Tomatenwürfel und das Innere in eine Schüssel (mit Deckel) füllen. Zerdrückte Knoblauchzehe, einen Teelöffel Öl, Salz, Zucker und Pfeffer hinzugeben.

3. Tofu in Scheiben schneiden und in Sesam panieren.

4. Bohnen zugedeckt vier Minuten mit 600 Watt garen, dabei einmal umrühren. Die Tomatensauce dazustellen und zusammen zwei Minuten mit 600 Watt garen. Zwischendurch beides einmal umrühren.

5. Während die Bohnen garen, das restliche Öl in einer Pfanne erhitzen und den Tofu von beiden

Seiten braten, bis der Sesam hell-braun ist.

6. Tofuscheiben auf einen Teller legen. Bohnen aus dem Wasser heben und daneben anrichten. Die Tomatensauce auf den Bohnen verteilen.

Tip: Es gibt verschiedene Sorten Tofu – geräuchert, in Sojasauce eingelegt, mit Kräutern und natur, also ganz ohne Zutaten. Den können Sie mit Kräutern und Gewürzen nach Ihrem Geschmack verfeinern.

Kohlrabi in Zitronensauce

3 Kartoffeln

1 Kohlrabi (150 Gramm)

2 EL Zitronensaft

1 TL abgeriebene Zitronenschale

½ TL brauner Zucker

Meersalz

weißer Pfeffer aus der Mühle

geriebene Muskatnuß

1 TL Weizenvollkornmehl

1 TL Sonnenblumenöl

2 EL Sahne (30%)

2 EL gehacktes Kohlrabigrün

1. Kartoffeln unter fließendem Wasser abbürsten und einzeln in Mikrofolie wickeln. Kohlrabi schälen, waschen und in Stifte schneiden. Die Kohlrabistifte in eine Schüssel (mit Deckel) füllen und vier Eßlöffel Wasser, Zitronensaft, Zitronenschale, Zucker, Salz, Pfeffer und Muskatnuß dazugeben.

2. Kartoffeln zwei Minuten mit 600 Watt garen. Kartoffeln umlegen und die zugedeckten Kohlrabistifte dazustellen. Zusammen sechs Mituten mit 600 Watt garen. Kohlrabistifte einmal umrühren.

3. In einer Schüssel Mehl mit Öl verrühren. Das Kohlrabiwasser dazugießen. Sahne zur Sauce geben und alles gut verrühren. Mit Mikrofolie abdecken und zwei Minuten mit 600 Watt garen, einmal zwischendurch umrühren.

4. Gehacktes Kohlrabigrün unter die Sauce rühren. Kartoffeln pellen und auf einem Teller neben den Kohlrabistiften anrichten. Die Sauce über den Kohlrabi gießen.

Gefüllter Kohlrabi mit Champignons

1 Kohlrabi (150 Gramm)

2 EL Weißwein

Meersalz

weißer Pfeffer aus der Mühle

1 EL Sonnenblumenkerne

1 Zwiebel

1 TL Sonnenblumenöl

2 EL gehacktes Kohlrabigrün

1 EL Vollkornzwiebackbrösel

1 TL Butter oder Margarine

100 Gramm Champignons

2 EL Crème fraîche

1. Kohlrabi schälen, waschen und halbieren. In einer Schüssel (mit Deckel) zwei Eßlöffel Wasser, Wein, etwas Salz und Pfeffer verrühren, die Kohlrabi hineinsetzen und zugedeckt sechs Minuten mit 600 Watt garen. Zwischendurch die Schüssel einmal drehen.

2. Sonnenblumenkerne in einer Pfanne anrösten. Zwiebel pellen, würfeln und zusammen mit dem Öl zu den Sonnenblumenkernen geben und hellbraun rösten. Alles in eine Schüssel geben und mit dem gehackten Kohlrabigrün, Pfeffer und etwas Salz vermischen.

3. Kohlrabi aus dem Kochwasser heben und aushöhlen. Das Innere würfeln, zu der Zwiebel-Sonnenblumenkern-Mischung geben und vermengen.

4. Diese Masse in die ausgehöhlten Kohlrabihälften füllen, Zwiebackbrösel darüberstreuen, Butterflöckchen daraufgeben und offen zwei Minuten mit 600 Watt erhitzen.

5. Champignons putzen und halbieren. In der Pfanne anbraten, die Kohlrabiflüssigkeit dazugeben und solange weitergaren, bis sie eingezogen ist. Crème fraîche dazugeben, kurz erhitzen und die Sauce neben die gefüllten Kohlrabi gießen.

Brokkolicremesuppe

2 Kartoffeln

150 Gramm Brokkoli

2 MSP klare Gemüsepaste

Meersalz

weißer Pfeffer aus der Mühle

1 TL Weizenvollkornmehl

1 EL Walnußöl

2 EL Sahne (30%)

1 EL Zitronensaft

geriebene Muskatnuß

1. Kartoffeln schälen, waschen und würfeln. Brokkoli putzen, waschen, kleinschneiden und einige Röschen beiseite legen.

2. Kartoffelwürfel und Brokkolistücke in einen hohen Becher (mit Deckel) füllen. Gemüsepaste, Salz, Pfeffer und zwei Tassen Wasser zugeben. Zugedeckt zehn Minuten mit 600 Watt garen. Zwischendurch einmal umrühren.

3. Mehl, Walnußöl, Sahne und Zitronensaft in einer Glasschüssel verrühren.

4. Die Gemüsemischung durch ein Sieb passieren und in einer Schüssel (mit Deckel) auffangen. Die Sahnemischung unterrühren und die Suppe zugedeckt drei Minuten mit 360 Watt erhitzen, noch einmal umrühren.

5. Die Suppe mit einem Schneebesen aufschlagen und mit Muskatnuß würzen. Die restlichen

Brokkoliröschen zugeben und noch eine Minute mit 360 Watt zugedeckt erhitzen.

Brokkoli auf Haselnußkartoffeln

3 Kartoffeln

150 Gramm Brokkoli

3 EL Sahne (30%)

1 EL Haselnüsse

1 EL Weißwein

Meersalz

weißer Pfeffer aus der Mühle

geriebene Muskatnuß

1. Kartoffeln schälen, Brokkoli putzen, beides waschen. Die Stiele von den Brokkoliröschen abschneiden, die Kartoffeln würfeln.

2. Kartoffelwürfel und Brokkolistiele im Blitzhacker zerkleinern. Diese Masse mit Sahne, grob gehackten Haselnüssen, Weißwein, zwei Eßlöffel Wasser, Salz, Pfeffer und Muskatnuß vermengen und in eine Schüssel (mit Deckel) oder eine Porzellanpfanne füllen.

3. Die Brokkoliröschen darauf verteilen, mit Deckel oder Mikrofolie zudecken und acht Minuten mit 360 Watt garen. Die Schüssel oder Porzellanpfanne zwischendurch zweimal drehen.

Blumenkohl
mit geräuchertem Tofu

3 Kartoffeln
Meersalz
½ kleiner Blumenkohl (150 Gramm)
3 EL Sahne (30%)
1 TL Zitronensaft
50 Gramm geräucherter Tofu
1 EL Vollkornzwiebackbrösel
2 TL Butter oder Margarine
2 EL gemischte Kräuter, ersatzweise TK-8-Kräuter

1. Kartoffeln schälen, würfeln und in einen hohen Becher (mit Deckel) füllen. Drei Eßlöffel Salzwasser zugeben.
2. Blumenkohl putzen und mit einer halben Tasse Salzwasser, einem Eßlöffel Sahne und Zitronensaft in eine Schüssel (mit Deckel) geben.
3. Blumenkohl und Kartoffeln zugedeckt neun Minuten mit 600 Watt garen, beides einmal umrühren.
4. Tofu in kleine Würfel schneiden und in einer Pfanne kurz anbraten. Zwiebackbrösel und Butter zugeben und erhitzen.
5. Kartoffeln mit der restlichen Sahne und Kräutern mit dem Elektroquirl pürieren. Püree und Blumenkohl auf einem Teller anrichten und die Tofu-Butter über dem Blumenkohl verteilen.

Blumenkohlcurry
mit Wildreis

2 EL Crème fraîche
Meersalz
weißer Pfeffer aus der Mühle
½ TL Curry
½ TL brauner Zucker
½ kleiner Blumenkohl (150 Gramm)
5 getrocknete Aprikosen (25 Gramm)
1 Portion Wildreis (gegart)

1. In einer Schüssel (mit Deckel) Crème fraîche, zwei Eßlöffel Wasser, Salz, Pfeffer, Curry und Zucker verrühren.
2. Den Blumenkohl putzen, waschen, in Röschen teilen und zur Currysauce geben. Aprikosen in Streifen schneiden und unter die Currysauce mengen. Blumenkohl zugedeckt sieben Minuten mit 600 Watt garen, dabei einmal umrühren.
3. Den Wildreis in eine Schüssel (mit Deckel) füllen und zum Blumenkohl stellen. Alles zusammen zugedeckt zwei Minuten mit 600 Watt weitergaren. Blumenkohl und Reis zwischendurch einmal umrühren.

Fenchel

Fenchel süßsauer mit Pellkartoffeln

3 Kartoffeln
1 TL Weizenvollkornmehl
1 Tl Sonnenblumenöl
2 EL Sahne (30%)
1 EL Zitronensaft
1 EL Ahornsirup
Meersalz
weißer Pfeffer aus der Mühle
1 kleine Fenchelknolle (150 Gramm)
1 EL gehacktes Fenchelgrün

1. Kartoffeln gründlich unter fließendem Wasser abbürsten, einzeln in Mikrofolie wickeln und fest zudrehen.

2. In einer Schüssel (mit Deckel) Mehl, Öl, Sahne, Zitronensaft, Ahornsirup und zwei Eßlöffel Wasser verrühren. Mit Salz und Pfeffer würzen. Fenchelknolle putzen, in Scheiben schneiden und zu der Sauce geben.

3. Kartoffeln zwei Minuten mit 600 Watt garen. Fenchel zugedeckt dazustellen und zusammen sechs Minuten mit 600 Watt garen. Den Fenchel während dieser Zeit einmal umrühren, die Kartoffeln einmal umlegen.

4. Kartoffeln auswickeln und auf einen Teller legen. Fenchelgrün unter die Sauce rühren, Fenchel mit Sauce neben den Kartoffeln anrichten.

48

Fenchel mit Tomatensauce

1 kleine Fenchelknolle (150 Gramm)
Meersalz
1 Zwiebel
1 Knoblauchzehe
1 EL Sonnenblumenöl
3 Tomaten
weißer Pfeffer aus der Mühle
½ TL brauner Zucker
½ TL getrockneter Oregano
1 Portion Naturreis (gegart)
1 EL gehacktes Fenchelgrün

1. Fenchel putzen, waschen, halbieren und in eine Schüssel (mit Deckel) legen. Vier Eßlöffel Wasser und etwas Salz dazugeben.

2. Zwiebel und Knoblauchzehe pellen und fein würfeln. Zusammen mit dem Öl in eine Schüssel geben und offen zwei Minuten mit 600 Watt garen.

3. Tomaten waschen, die Stielansätze entfernen. Das Tomatenfleisch würfeln und zu den Zwiebeln geben. Mit Salz, Pfeffer, Zukker und Oregano würzen. Fenchel zugedeckt und Tomatensauce offen zusammen vier Minuten mit 600 Watt garen. Die Sauce dabei einmal umrühren, den Fencheltopf drehen.

4. Den Reis in eine Schüssel (mit Deckel) füllen und zugedeckt zu den anderen Schüsseln stellen. Zwei Minuten mit 600 Watt garen.

5. Den Fenchel aus dem Kochwasser heben und auf einen Teller legen. Reis und Tomatensauce daneben anrichten und mit gehacktem Fenchelgrün bestreuen.

Zuckerschoten in Senfsahne mit Nüssen

100 Gramm Zuckerschoten
3 EL Sahne (30%)
1 EL süßer Senf
1 EL Haselnüsse
3 Kartoffeln
Meersalz
1 TL Butter oder Margarine
1 EL gehackte Petersilie

1. Die Zuckerschoten putzen und waschen, dann in eine Schüssel (mit Deckel) legen.

2. In einer Tasse Sahne und Senf verrühren und zu den Zuckerschoten gießen. Die Haselnüsse zugeben und zudecken.

3. Die Kartoffeln schälen, waschen und in dicke Scheiben schneiden. Zusammen mit etwas Salz und drei Eßlöffel Wasser in eine Schüssel geben und zugedeckt drei Minuten mit 600 Watt garen. Zwischendurch die Kartoffeln einmal umrühren.

4. Die Zuckerschoten zugedeckt dazustellen und sechs Minuten mit 600 Watt garen. Kartoffeln und Zuckerschoten in dieser Zeit einmal umrühren.

5. Kartoffeln in der Butter und der Petersilie schwenken und auf einen Teller legen. Die Zuckerschoten mit der Senfsauce daneben anrichten.

Zuckerschotenpfanne mit Reis und Pilzen

50 Gramm Zuckerschoten
50 Gramm Pilze (Pfifferlinge oder Champignons)
½ Bund Schnittlauch
1 Zwiebel
1 EL Sonnenblumenöl
1 Portion Naturreis (gegart)
2 TL Sojasauce
1 EL Balsamessig
weißer Pfeffer aus der Mühle

1. Zuckerschoten und Pilze putzen und waschen. Schnittlauch in vier Zentimeter lange Stücke schneiden.

2. Die Zwiebel pellen, fein würfeln und in eine Porzellanpfanne legen. Das Öl zugeben und die Zwiebeln offen zwei Minuten mit 600 Watt andünsten.

3. Den gegarten Reis zu den Zwiebelwürfeln geben und untermengen. Die Zuckerschoten und Pilze auf dem Reis verteilen.

4. In einer Tasse zwei Eßlöffel Wasser, Sojasauce, Balsamessig und Pfeffer verrühren und über das Gemüse gießen.

5. Das Gemüse zudecken und fünf Minuten mit 600 Watt garen. Zwischendurch die Pfanne einmal drehen und zum Schluß die Schnittlauchröllchen auf den Zuckerschoten verteilen.

Erbsen

Erbsen mit gebackenen Kartoffelrosetten

3 Kartoffeln

Meersalz

2 EL Sahne (30%)

2 TL Butter oder Margarine

1 Schalotte

1 TL Sonnenblumenöl

150 Gramm ausgepalte Erbsen

einige Kopfsalatblätter

2 EL Kerbel

1. Kartoffeln schälen, würfeln und in einen hohen Becher (mit Deckel) geben. Drei Eßlöffel Wasser und wenig Salz zugeben. Zugedeckt sieben Minuten mit 600 Watt garen, zwischendurch einmal umrühren. Danach den Grill auf Stufe 3 vorheizen.

2. Die Kartoffeln mit dem Elektroquirl pürieren, Sahne und einen Teelöffel Butter unterrühren und das Püree in einen Spritzbeutel füllen. Drei Rosetten auf einen Porzellanteller spritzen und auf der mittleren Schiene sieben Minuten unter dem Grill bräunen, dann beiseite stellen.

3. Die Schalotte fein würfeln und im Öl zwei Minuten mit 600 Watt andünsten.

4. Erbsen, vier Eßlöffel Wasser und etwas Salz zugeben und zugedeckt vier Minuten mit 600 Watt garen, einmal umrühren.

5. In der Zwischenzeit den Salat putzen, waschen und in feine Streifen schneiden. Die Kerbelblättchen abzupfen.

6. Einen Teelöffel Butter, Salatstreifen und Kerbel unter die Erbsen heben und neben den überbackenen Kartoffelrosetten anrichten.

Tip: Sollten die Kartoffelrosetten in der Zwischenzeit abgekühlt sein, erhitzen Sie sie vor dem Servieren noch einmal eine Minute mit 600 Watt.

Erbsenrisotto

1 kleine Möhre

150 Gramm ausgepalte Erbsen

1 MSP Gemüsepaste

Meersalz

weißer Pfeffer aus der Mühle

1 Portion Naturreis (gegart)

1 TL Butter oder Margarine

1 EL gehackte Petersilie

2 EL geriebener Käse (45%)

1 Zweig Petersilie

1. Möhre schälen, waschen und in Stifte schneiden. Möhrenstifte mit den Erbsen, einer halben Tasse Wasser, Gemüsepaste, Salz und Pfeffer in eine Schüssel (mit Deckel) geben und zugedeckt vier Mi-

52

nuten mit 600 Watt garen. Zwischendurch einmal umrühren.

2. Reis und Butter unter das Gemüse mischen und zugedeckt eine Minute mit 600 Watt erhitzen.

3. Gehackte Petersilie und Käse unterheben, auf einem Teller anrichten und mit dem Petersilienzweig verzieren.

Tip: Um 150 Gramm ausgepalte Erbsen zu bekommen, müssen Sie 500 Gramm Erbsenschoten einkaufen.

Rote-Bete-Eintopf

1 faustgroße Rote Bete (150 Gramm)
1 EL Weinessig
1 Zwiebel
1 Päckchen TK-Suppengrün
Meersalz
schwarzer Pfeffer aus der Mühle
½ TL klare Gemüsepaste
½ TL Kümmel
1 Stückchen Wirsing, China- oder Spitzkohl (100 Gramm)
2 EL Crème fraîche
1 EL gehackte Petersilie

1. Rote Bete schälen, waschen und würfeln. Zwei Eßlöffel Rote-Bete-Würfel in eine kleine Schüssel geben und mit Essig marinieren.
2. Die restliche Rote Bete in eine Schüssel (mit Deckel) geben. Zwiebel pellen, würfeln und zugeben. Eineinhalb Tassen Wasser, Suppengrün, Salz, Pfeffer, Gemüsepaste und Kümmel zufügen. Zugedeckt acht Minuten mit 600 Watt garen, zwischendurch einmal umrühren.
3. Inzwischen den Kohl putzen, waschen und in schmale Streifen schneiden. Einige Kohlstreifen beiseite legen. Den Rest zu der Rote Bete geben und zwei Minuten zugedeckt mit 600 Watt garen. Zwischendurch einmal umrühren.

4. Die eingelegten Rote-Bete-Würfel unter den Eintopf mischen und alles auf einem Teller anrichten. Die Crème fraîche als Klecks daraufsetzen, zum Schluß mit den Kohlstreifen und der Petersilie bestreuen.

Rote Bete mit Pellkartoffeln

3 Kartoffeln
150 Gramm kleine Rote Bete
Meersalz
1 TL Kümmel
1 TL Weizenvollkornmehl
1 EL Sonnenblumenöl
2 EL Sahne (30%)
1 TL Zitronensaft
weißer Pfeffer aus der Mühle
½ TL brauner Zucker
2 EL Schnittlauchröllchen

1. Kartoffeln waschen und einzeln in Mikrofolie einwickeln.
2. Rote Bete schälen, in eine Schüssel (mit Deckel) legen, drei Eßlöffel Wasser, wenig Salz und Kümmel zugeben.
3. Kartoffeln und zugedeckte Rote Bete zusammen acht Minuten mit 600 Watt garen. Die Rote Bete zwischendurch einmal umrühren, die Kartoffeln umlegen.
4. In einer Glasschüssel eine Sauce rühren aus Mehl, Öl, Sahne,

zwei Eßlöffel Wasser, Zitronensaft, Salz, Pfeffer und Zucker. Mit Mikrofolie abdecken und zu den Kartoffeln und der Rote Bete stellen. Alles vier Minuten mit 600 Watt weitergaren. Zwischendurch Rote Bete und Sauce zweimal umrühren, Kartoffeln umlegen.

5. Kartoffeln pellen und auf einen Teller legen. Die Rote Bete daneben anrichten. Die Sauce noch einmal kräftig durchrühren und neben die Rote Bete gießen. Mit Schnittlauch bestreuen.

55

Zucchinipfanne

1 Zwiebel
1 Knoblauchzehe
1 EL Sonnenblumenöl
1 Portion Naturreis (gegart)
1 EL gehacktes Basilikum
1 Zucchini (150 Gramm)
Meersalz
schwarzer Pfeffer aus der Mühle
1 Tomate
2 EL grob geraffelter Käse (45%)

1. Zwiebel und Knoblauchzehe pellen und beides fein würfeln. Zusammen mit dem Öl in eine flache Auflaufform geben und offen zwei Minuten mit 600 Watt dünsten.

2. Den gegarten Reis mit dem Basilikum mischen und auf den Zwiebeln verteilen. Zwei Eßlöffel Wasser zugießen.

3. Zucchini waschen, putzen und in Scheiben schneiden. Auf den Reis legen und mit Salz und Pfeffer würzen.

4. Tomate waschen, den Stielansatz entfernen und das Tomatenfleisch würfeln. In die Mitte der Zucchinischeiben geben. Die Form zudecken und fünf Minuten mit 600 Watt garen, dabei die Form einmal drehen.

5. Zum Schluß den geraffelten Käse darüberstreuen und auf den heißen Tomaten etwas schmelzen lassen.

Zucchini mit Zitronenmelisse

3 Kartoffeln
2 MSP klare Gemüsepaste
1 Zucchini (150 Gramm)
1 TL Weizenvollkornmehl
1 EL Sonnenblumenöl
2 EL Sahne (30%)
1 TL mittelscharfer Senf
1 TL Zitronensaft
Meersalz
weißer Pfeffer aus der Mühle
1 EL gehackte Zitronenmelisse
einige Blättchen Zitronenmelisse zum Verzieren

1. Kartoffeln schälen, waschen, halbieren und in dickere Scheiben schneiden. In eine Schüssel (mit Deckel) legen. Drei Eßlöffel Wasser und die Gemüsepaste dazugeben und zudecken.

2. Die Zucchini waschen, putzen, in große Würfel schneiden und in eine Schüssel (mit Deckel) legen.

3. In einer Tasse eine Sauce rühren aus Mehl, Öl, Sahne, zwei Eßlöffel Wasser, Senf, Zitronensaft, Salz und Pfeffer. Die Sauce zu den Zucchiniwürfeln gießen und zudecken.

4. Die Kartoffeln drei Minuten mit 600 Watt garen. Zucchini dazustellen und zusammen weitere fünf Minuten mit 600 Watt garen. Zucchini und Kartoffeln zwischendurch einmal umrühren.

5. Die gehackte Zitronenmelisse unter die Zucchini heben und auf einem Teller mit einigen Blättchen Zitronenmelisse anrichten. Die Kartoffelscheiben dazulegen.

Hülsenfrüchte enthalten wertvolles Eiweiß und dürfen in der Vollwerternährung nicht fehlen. Ein Trick, damit es schnell geht: eine größere Menge kochen und portionsweise einfrieren. Aus diesem Vorrat können Sie im Nu die folgenden Gerichte zaubern.

Sauerkraut mit Erbsenpüree

1 Portion Erbsen (gegart)

1 EL Sonnenblumenöl

Meersalz

schwarzer Pfeffer aus der Mühle

100 Gramm Sauerkraut

4 EL Weißwein

1 Stückchen frischer Ingwer

½ TL Koriander

1 TL brauner Zucker

½ kleiner süßer Apfel

1 Zwiebel

1 TL Butter oder Margarine

1. Erbsen in einem Mixbecher mit Öl, wenig Salz und Pfeffer pürieren. Soviel Wasser zugeben, daß eine geschmeidige, aber noch körnige Masse entsteht.

2. Sauerkraut mit Wein, geriebenem Ingwer, Koriander und Zucker würzen. Das Sauerkraut in eine flache Form geben und mit Mikrofolie abdecken. Zwei Minuten mit 600 Watt garen und die Form zwischendurch einmal drehen.

3. Apfel in Spalten teilen. Die Zwiebel pellen und in Ringe schneiden. Die Zwiebelringe in einer Pfanne mit der Butter glasig braten. Apfelspalten und Zwiebelringe auf dem Sauerkraut verteilen. Mit wenig Salz und Pfeffer bestreuen, wieder zudecken und zwei Minuten mit 600 Watt garen.

4. Das Erbsenpüree als Häufchen neben das Sauerkraut setzen und zugedeckt eine Minute mit 600 Watt erwärmen, danach noch eine Minute offen mit 600 Watt weitererhitzen. Zwischendurch die Form einmal drehen.

Tip: Wer Ingwer nicht mag, kann die Würzmischung aus Ingwer und Koriander gegen Lorbeerblatt und Wacholderbeeren austauschen.

Erbsenpüree mit Kartoffel-Apfel-Mus

2 Kartoffeln
1 kleiner Apfel
2 MSP klare Gemüsepaste
1 Portion Erbsen (gegart)
1 Zwiebel
1 EL Sonnenblumenkerne
1 TL Sonnenblumenöl
1 EL gehacktes Bohnenkraut oder ½ TL getrocknetes Bohnenkraut

1. Kartoffeln schälen und würfeln. Den Apfel vierteln, das Kerngehäuse herausschneiden und drei Viertel des Apfels schälen und würfeln. Beides mit einer halben Tasse Wasser und einer Messerspitze Gemüsepaste in einen hohen Becher (mit Deckel) geben.

2. Die Erbsen ebenfalls mit einer halben Tasse Wasser und einer Messerspitze Gemüsepaste in einen zweiten hohen Becher (mit Deckel) füllen. Beide Becher zugedeckt neun Minuten mit 600 Watt garen. Zwischendurch alles einmal umrühren.

3. Die Zwiebel pellen und in Streifen, das restliche Apfelviertel in dünne Spalten schneiden. Die Sonnenblumenkerne in einer beschichteten Pfanne solange erhitzen, bis sie Farbe annehmen. Dann das Öl und die Zwiebelstreifen dazugeben. Die Zwiebelstreifen goldgelb dünsten, zum Schluß die Apfelspalten zugeben und kurz erhitzen.

4. Die Erbsen zusammen mit dem Bohnenkraut mit dem Schneidstab pürieren, die Apfel-Kartoffel-Mischung mit dem Elektroquirl zermusen.

5. Beide Pürees auf einem Teller anrichten und zum Schluß die Zwiebel-Apfel-Mischung darauf verteilen.

61

Erbsen

Erbsencremesuppe

1 Kartoffel

1 Frühlingszwiebel

1 Portion Erbsen (gegart)

1 MSP Gemüsepaste

2 TL Crème fraîche

einige Petersilienblättchen

1. Kartoffel schälen, waschen und in Würfel schneiden. Frühlingszwiebel putzen, waschen und in Ringe schneiden.
2. Das Gemüse (bis auf einige Zwiebelringe) zusammen mit den Erbsen und der Gemüsepaste in einen hohen Becher (mit Deckel) geben und eine reichliche Tasse Wasser dazugießen.
3. Die Suppe zugedeckt acht Minuten mit 600 Watt garen, dabei zwei- bis dreimal umrühren.
4. Mit einem Schneidstab die Suppe pürieren und in eine Suppenschale füllen. Die Crème fraîche als Klecks daraufsetzen und mit Petersilienblättchen und Zwiebelringen garnieren.

Erbseneintopf

1 Kartoffel

1 Möhre

1 kleine Stange Porree

1 Portion Erbsen (gegart)

½ TL Gemüsepaste

½ TL getrockneter Majoran

1 EL gehackte Petersilie

1. Kartoffel und Möhre schälen und würfeln, Porree putzen und in Ringe schneiden.
2. Das Gemüse zusammen mit den Erbsen und der Gemüsepaste in eine Schüssel (mit Deckel) geben, eineinhalb Tassen Wasser dazugießen und zugedeckt acht Minuten mit 600 Watt garen. Den Eintopf zwischendurch einmal umrühren.
3. Mit Majoran und gehackter Petersilie abschmecken und in einer Suppenschale servieren.

Gefüllter Erbsenknödel auf Porree-Sahne-Sauce

½ Scheibe Vollkorntoast

1 Zwiebel

1 TL Butter oder Margarine

Meersalz

schwarzer Pfeffer aus der Mühle

1 TL Weizenvollkornmehl

1 TL Sonnenblumenöl

2 EL Sahne (30%)

1 TL Zitronensaft

1 Stange Porree

1 Portion Erbsen (gegart)

1 Kartoffel

1 Eiweiß (Handelsklasse 3)

1 TL getrockneter Majoran

1. Toastbrot und Zwiebel würfeln. Toastbrotwürfel in einer beschichteten Pfanne knusprig braten, Butter und Zwiebelwürfel zugeben und weiterbraten, bis sie goldgelb sind. Mit Salz und Pfeffer würzen und etwas abkühlen lassen.

2. Mehl mit Öl in einer Schüssel (mit Deckel) verrühren. Sahne, Zitronensaft und eine knappe halbe Tasse Wasser zugeben, mit Salz und Pfeffer würzen. Porree putzen, waschen, schräg in Scheiben schneiden und zur Sauce geben.

3. Erbsen mit dem Schneidstab pürieren. Kartoffel schälen und in die Erbsenmasse raffeln. Eiweiß, Majoran, Salz und Pfeffer zugeben und alles gut vermengen.

4. Die Hälfte der Masse auf ein Stück Mikrofolie geben und etwas flachdrücken. Brotwürfel und Zwiebeln daraufhäufen und die restliche Erbsenmasse obenauf setzen. In der Folie zu einem Knödel formen und gut zudrehen.

5. Eine Tasse Wasser in eine Schüssel füllen, den Knödel hineinlegen. Die zugedeckte Porree-Sahne-Sauce und den Knödel zusammen sieben Minuten mit 600 Watt garen. Die Sauce zwischendurch einmal umrühren.

Erbsenklößchen
mit Paprikagemüse

1 Paprikaschote
1 Zwiebel
1 EL Essig
2 TL Honig
2 EL Paprikamark (Tube)
Meersalz
schwarzer Pfeffer aus der Mühle
1 Portion Erbsen (gegart)
1 EL Sonnenblumenkerne
1 TL Zitronensaft
1 Eiweiß (Handelsklasse 3)

1. Paprikaschote waschen, putzen und in große Würfel schneiden. Zwiebel pellen und in Streifen schneiden. In einer Schüssel (mit Deckel) Essig, Honig, Paprikamark, etwas Salz, Pfeffer und zwei Eßlöffel Wasser verrühren. Paprikawürfel und Zwiebelstreifen zugeben und mischen.

2. Erbsen und zwei Eßlöffel Wasser mit dem Schneidstab pürieren, mit Sonnenblumenkernen, Zitronensaft, etwas Salz und Pfeffer verrühren. Das Eiweiß steif schlagen und vorsichtig unterheben. Die Erbsenmasse auf drei Stück Mikrofolie verteilen und zu Klößchen formen. Die Folie gut zudrehen. Eine Tasse Wasser in eine Schüssel füllen und die Klößchen hineinsetzen.

3. Das Paprikagemüse zugedeckt vier Minuten mit 600 Watt garen. Zwischendurch einmal umrühren. Die Klößchen im Wasserbad dazustellen und alles zusammen noch einmal vier Minuten mit 600 Watt garen. Das Gemüse während dieser Zeit noch einmal umrühren.

4. Die Erbsenklößchen aus der Folie wickeln und neben dem Paprikagemüse auf einem Teller anrichten.

Warmer Salat
aus weißen Bohnen

1 rote Zwiebel
1 Knoblauchzehe
1 Handvoll Feldsalat
1 Portion weiße Bohnen (gegart)
1 EL milder Weinessig oder Balsamessig
2 EL Sonnenblumenöl
Meersalz
weißer Pfeffer aus der Mühle
1 EL gehackte Petersilie

1. Zwiebel pellen und in Ringe schneiden. Knoblauch pellen und in dünne Scheiben schneiden. Den Feldsalat putzen, waschen und auf einem Teller anrichten.
2. Die Bohnen in eine Schüssel (mit Deckel) geben. Zwiebelringe und Knoblauchscheibchen darauflegen. Mit Essig, Öl, Salz und Pfeffer würzen und zugedeckt zwei Minuten mit 360 Watt erwärmen. Einmal zwischendurch umrühren.
3. Die Bohnen mit den Zwiebelringen und Knoblauchscheibchen zu dem Feldsalat legen. Die Essig-Öl-Sauce über Feldsalat und Bohnen gießen. Mit Petersilie bestreuen.

Radicchio mit
Bohnen-Fenchel-Salat

1 kleine Fenchelknolle (150 Gramm)
1 Portion weiße Bohnen (gegart)
2 EL Weinessig
1 EL Walnußöl
Meersalz
weißer Pfeffer aus der Mühle
2 TL brauner Zucker
1 kleiner Kopf Radicchio

1. Fenchelknolle putzen, halbieren und in feine Streifen schneiden. Das Grün grob hacken und beiseite stellen.
2. Fenchel und Bohnen in eine Schüssel (mit Deckel) geben. Essig, Walnußöl, Salz, Pfeffer und Zucker zugeben, einmal umrühren. Zugedeckt fünf Minuten mit 360 Watt erhitzen. Zwischendurch einmal umrühren.
3. Radicchio zerpflücken, waschen und gut trockentupfen. Den Radicchio auf eine Platte legen. Die Bohnen mit dem Fenchel etwas abkühlen lassen, auf dem Radicchio verteilen und mit Fenchelgrün bestreuen.

Bohnentatar mit Dill und Zuckerschoten

100 Gramm Zuckerschoten

Meersalz

weißer Pfeffer aus der Mühle

1 TL brauner Zucker

1 Portion weiße Bohnen (gegart)

1 EL Zitronensaft

1 EL Sonnenblumenöl

2 EL gehackter Dill und ein Zweig

1. Zuckerschoten waschen, putzen und in eine kleine Schüssel (mit Deckel) legen. Drei Eßlöffel Wasser zugießen. Mit Salz, Pfeffer und Zucker würzen.

2. Bohnen in die Schale des Blitzhackers geben. Zitronensaft, Öl, etwas Salz, Pfeffer, Dill und zwei Eßlöffel Wasser zugeben und zerkleinern. Das Bohnentatar in eine zweite kleine Schüssel (mit Deckel) geben.

3. Zuckerschoten und Bohnentatar zugedeckt vier Minuten mit 600 Watt garen. Zwischendurch beides einmal umrühren.

4. Die Zuckerschoten abtropfen lassen und auf einen Teller legen. Das Bohnentatar in drei Häufchen daneben anrichten und mit Dill verzieren.

Bohnenpfannkuchen mit Sahnechampignons

1 Portion weiße Bohnen (gegart)

2 MSP klare Gemüsepaste

1 ½ EL Weizenvollkornmehl

1 Eiweiß (Handelsklasse 3)

150 Gramm Champignons

1 EL Petersilie

1 TL Sonnenblumenöl

2 EL Sahne (30%)

1 TL Zitronensaft

2 TL Butter oder Margarine

1. Bohnen mit einer halben Tasse Wasser zusammen mit der Gemüsepaste zugedeckt fünf Minuten mit 600 Watt garen.

2. Bohnen mit dem Schneidstab pürieren, einen Eßlöffel Mehl und das Eiweiß zugeben, gut verrühren und zehn Minuten quellen lassen.

3. Champignons putzen und in Scheiben schneiden, Petersilie hacken.

4. In einer Schüssel (mit Deckel) einen Teelöffel Mehl mit Öl, Sahne, Zitronensaft und zwei Eßlöffel Wasser verrühren. Die Champignons zugeben und zudecken. Vier Minuten mit 600 Watt garen, zwischendurch einmal umrühren.

5. Butter in einer beschichteten Pfanne erhitzen und aus der Bohnenmasse drei bis vier kleine Pfannkuchen ausbacken.

6. Die Pfannkuchen auf einen Teller legen. Die Champignons daneben anrichten und mit Petersilie bestreuen.

Pellkartoffeln
mit Bohnenpüree

3 Kartoffeln
1 Portion weiße Bohnen (gegart)
3 EL Sahnequark
1 TL Zitronensaft
1 EL Rote-Bete-Saft
Meersalz
schwarzer Pfeffer aus der Mühle
1 EL gehackter Dill und ein Zweig
1 kleine Gewürzgurke

1. Kartoffeln gründlich unter fließendem Wasser abbürsten. Einzeln in Mikrofolie wickeln und sieben Minuten mit 600 Watt garen, die Kartoffeln dabei einmal umsetzen.
2. Bohnen zusammen mit Quark, Zitronen- und Rote-Bete-Saft im Blitzhacker pürieren. Mit Salz, Pfeffer, Dill und kleingewürfelter Gewürzgurke vermengen.
3. Das Bohnenpüree auf einem Teller anrichten, die Kartoffeln auswickeln und danebenlegen. Alles noch einmal eine Minute mit 600 Watt erhitzen.
4. Die Kartoffeln kreuzweise einschneiden und etwas auseinanderdrücken. Mit einem Dillzweig verzieren.

Bohnenklößchen
mit Basilikum

2 Tomaten
1 Frühlingszwiebel
1 EL Sonnenblumenöl
Meersalz
weißer Pfeffer aus der Mühle
1 Portion weiße Bohnen (gegart)
2 EL Sahnequark
1 Eiweiß (Handelsklasse 3)
1 EL gehacktes Basilikum

1. Tomaten waschen und vierteln. Frühlingszwiebel putzen, waschen und das weiße Ende in Ringe, den grünen Teil in feine Streifen schneiden. Öl in eine Schüssel (mit Deckel) geben, Tomaten und Frühlingszwiebeln dazugeben und mit Salz und Pfeffer würzen.
2. Bohnen und Quark mit dem Schneidstab pürieren. Eiweiß, Salz, Pfeffer und Basilikum unterrühren.
3. Auf drei Stück Mikrofolie je ein Häufchen Püree setzen und die Folie oben zusammendrehen. Eine Tasse Wasser in eine Schüssel geben, die Klößchen hineinsetzen.
4. Die Klößchen im Wasserbad zwei Minuten mit 600 Watt garen. Das Gemüse zugedeckt dazustellen und alles zusammen drei Minuten mit 600 Watt garen. Das Gemüse zwischendurch einmal umrühren, die Klößchen umsetzen.

5. Das Gemüse auf einem Teller anrichten, die Klößchen auswikkeln und danebenlegen.

Süßsaurer Bohneneintopf

2 Tomaten
1 kleine Stange Porree oder 1 Frühlingszwiebel
1 Portion weiße Bohnen (gegart)
1 El Sonnenblumenöl
1 EL Weinessig
Meersalz
weißer Pfeffer aus der Mühle
1 TL brauner Zucker
1 EL gehackte Petersilie

1. Die Tomaten waschen und würfeln. Den Porree putzen und waschen, das weiße Ende in Ringe, das grüne in sehr feine Streifen schneiden.
2. In eine Schüssel (mit Deckel) die gegarten Bohnen, Tomatenwürfel, Porreeringe und -streifen geben.
3. Eine knappe Tasse Wasser zugießen. Öl, Essig, Salz, Pfeffer und Zucker dazugeben. Zugedeckt sechs Minuten mit 600 Watt garen, zwischendurch einmal umrühren.
4. Zum Schluß mit gehackter Petersilie bestreuen.

Tip: Falls Ihre vorgegarten Bohnen noch sehr knackig sind, sollten Sie sie vorher in der knappen Tasse Wasser fünf Minuten lang weichkochen.

Bohnencremesuppe mit Kohlrabi

1 kleiner Kohlrabi mit Grün (100 Gramm)
1 Portion weiße Bohnen (gegart)
1 EL Zitronensaft
½ TL klare Gemüsepaste
2 EL Sahne (30%)
1 EL Crème fraîche

1. Kohlrabi schälen, waschen und in Würfel schneiden. Etwas Kohlrabigrün hacken und beiseite stellen. Kohlrabiwürfel mit den Bohnen in einen hohen Becher (mit Deckel) füllen. Zitronensaft und eine reichliche Tasse Wasser dazugeben und mit Gemüsepaste verrühren.
2. Zugedeckt zehn Minuten mit 600 Watt garen. Dabei zwei- bis dreimal umrühren.
3. Kohlrabi und Bohnen in der Flüssigkeit pürieren. Mit der Sahne aufschlagen. Eventuell noch etwas Wasser oder Brühe zugeben, falls die Suppe zu dickflüssig ist.
4. In eine Suppenschale füllen, einen Klecks Crème fraîche daraufsetzen und mit gehacktem Kohlrabigrün bestreuen.

Roter Bohneneintopf

1 Zwiebel
1 Knoblauchzehe
1 rote Paprikaschote
2 EL Paprikamark (Tube)
2 MSP Gemüsepaste
Meersalz
schwarzer Pfeffer aus der Mühle
1 knappe MSP Cayennepfeffer
2 MSP Edelsüß-Paprika
1 Portion rote oder weiße Bohnen (gegart)

Weiße Bohnensuppe

2 Kartoffeln
1 Päckchen TK-Suppengrün
2 MSP klare Gemüsepaste
1 Portion weiße Bohnen (gegart)
weißer Pfeffer aus der Mühle
1 EL gehacktes Bohnenkraut oder 1 TL getrocknetes Bohnenkraut

1. Zwiebel und Knoblauchzehe pellen. Die Zwiebel in Streifen, die Knoblauchzehe in Stifte schneiden. Paprikaschote waschen, Rippen und Kerne entfernen. Die Paprikaschote in talergroße Stücke schneiden.

2. Eine Tasse Wasser mit Paprikamark, Gemüsepaste, Salz, Pfeffer, Cayennepfeffer und Edelsüß-Paprika verrühren.

3. In eine Schüssel (mit Deckel) die Bohnen, Zwiebelstreifen, Knoblauch, Paprikawürfel und die Paprikamarksauce geben. Einmal umrühren und zugedeckt sechs Minuten mit 600 Watt garen. In dieser Zeit den Eintopf einmal umrühren.

1. Kartoffeln schälen, vierteln und in eine Schüssel legen. Eine Tasse Wasser zugießen. Suppengrün und Gemüsepaste zugeben und zugedeckt vier Minuten mit 600 Watt garen. Dabei einmal umrühren.

2. Die Bohnen zugeben und wieder zudecken. Weitere vier Minuten mit 600 Watt garen und zwischendurch einmal umrühren.

3. Mit Pfeffer, Bohnenkraut und eventuell noch etwas Gemüsepaste würzen.

Thymianlinsen mit Aprikosen

1 kleine Stange Porree

3 getrocknete Aprikosen

1 Portion Linsen (gegart)

1 EL Sonnenblumenöl

1 EL Weinessig

1 TL Honig

1 TL getrockneter Thymian

Meersalz

schwarzer Pfeffer aus der Mühle

1 kleine Staude Chicorée

1. Den Porree gründlich putzen und den weißen Teil in Ringe, den grünen in feine Streifen schneiden. Die getrockneten Aprikosen schräg in flache Scheibchen schneiden.
2. Linsen in eine Schüssel (mit Deckel) geben, mit Porree und Aprikosenscheibchen mischen.
3. In einer Tasse das Sonnenblumenöl mit Essig, Honig, Thymian, Salz und Pfeffer verrühren und über die Linsen gießen. Alles gut vermischen, zudecken und zwei Minuten mit 600 Watt garen. Zwischendurch noch einmal umrühren.
4. Chicorée putzen, das untere Ende keilförmig herausschneiden, die Chicoréeblätter auf einen Teller legen. Die Linsen darauf verteilen. Sie können die Thymianlinsen auch abkühlen lassen und als kalten oder lauwarmen Salat essen.

Tip: Wenn die Linsen sehr bißfest vorgekocht sind, werden sie zusammen mit einem Eßlöffel Wasser drei bis fünf Minuten vorgegart, bevor Sie das weitere Gemüse zugeben.

Rote Linsen mit Curry und Rosinen

50 Gramm rote Linsen (roh)

1 Orange (ungespritzt)

1 Lorbeerblatt

2 Frühlingszwiebeln

1 Knoblauchzehe

1 EL Sonnenblumenöl

2 EL Rosinen oder 5 Backpflaumen

Meersalz

1 TL Curry

1 knapper EL Zitronensaft

1. Linsen in eine Schüssel (mit Deckel) füllen. Zwei Teelöffel abgeriebene Orangenschale und das Lorbeerblatt zugeben, eine dreiviertel Tasse Wasser zugießen und zugedeckt fünf Minuten mit 360 Watt garen, dabei einmal umrühren.
2. Die Frühlingszwiebeln waschen, putzen und in dünne Scheiben und Streifen, die Knoblauchzehe in Stifte schneiden. In eine Schüssel (mit Deckel) geben, Öl zugießen und zudecken.

3. Die Orange auspressen und die gewaschenen Rosinen oder klein- geschnittenen Backpflaumen in dem Orangensaft ziehen lassen.

4. Rosinen mit Orangensaft zu den Linsen geben und zudecken. Die Schüssel mit den Frühlings- zwiebeln dazustellen und zusam- men drei Minuten mit 360 Watt garen.

5. Die Frühlingszwiebeln mit den Linsen mischen und mit Salz, Cur- ry und dem Zitronensaft würzig abschmecken.

Linsen

Zimtlinsen mit Banane

1 Portion Linsen (gegart)
1 Zwiebel
5 Nelken
1 TL geriebener Ingwer oder ½ TL getrockneter Ingwer
½ TL Zimt
1 EL Zitronensaft
2 Frühlingszwiebeln
1 kleine Banane
1 EL Sonnenblumenöl
Meersalz
Cayennepfeffer

1. Linsen in eine Schüssel (mit Deckel) geben. Zwiebel pellen, mit Nelken spicken und in die Mitte legen. Ingwer darüberreiben und alles mit Zimt bestäuben. Zitronensaft zugießen und umrühren.
2. Frühlingszwiebeln putzen und in Streifen schneiden. Banane pellen und schräg in Scheiben schneiden.
3. Die Linsen zugedeckt drei Minuten mit 360 Watt erhitzen, dabei einmal umrühren.
4. Öl in einer beschichteten Pfanne erhitzen und die Frühlingszwiebelstreifen und Bananenscheiben rundherum hellgelb braten.
5. Die Linsen mit Salz und einem Hauch Cayennepfeffer abschmecken und auf einem Teller anrichten. Frühlingszwiebeln und Bananenscheiben danebenlegen.

Currylinsen mit Birne

1 kleine feste Birne
1 kleine Stange Porree
1 Portion kleine Linsen (gegart)
2 EL gehackte Walnüsse
2 EL Balsamessig
1 TL brauner Zucker
Meersalz
schwarzer Pfeffer aus der Mühle
1 gestrichener TL Curry

1. Drei Viertel der Birne in Würfel, ein Viertel in Spalten schneiden und beiseite stellen. Porree waschen, putzen und schräg in Scheiben schneiden.
2. Linsen, Birnenwürfel, Nüsse und Porree in eine Schüssel (mit Deckel) füllen. Mit Balsamessig, Zucker, Salz, Pfeffer und Curry würzen.
3. Vier Minuten mit 360 Watt zugedeckt erhitzen. Zwischendurch einmal umrühren. Die Birnenspalten auf einen Teller legen und die Linsen danebenanrichten.

Sahnelinsen
mit Salzkartoffeln

3 Kartoffeln

Meersalz

2 Zwiebeln

1 TL Butter oder Margarine

1 Portion Linsen (gegart)

1 EL Sonnenblumenöl

schwarzer Pfeffer aus der Mühle

einige Salatblätter

2 EL Crème fraîche

2 EL Schnittlauchröllchen

1. Kartoffeln schälen, in eine Schüssel (mit Deckel) legen, eine halbe Tasse Wasser und etwas Salz zugeben und zudecken.
2. Eine halbe Zwiebel in Ringe (sie werden zum Verzieren gebraucht), den Rest in Würfel schneiden. Die Zwiebelringe und -würfel mit der Butter in einer Pfanne goldgelb braten.
3. Linsen in eine Schüssel (mit Deckel) füllen. Öl, Salz und Pfeffer zugeben, mit den Zwiebelwürfeln mischen und zudecken.
4. Kartoffeln zugedeckt fünf Minuten mit 600 Watt garen, zwischendurch einmal umrühren. Linsen dazustellen und zusammen zwei Minuten mit 600 Watt erhitzen. Beides zwischendurch noch einmal umrühren.
5. Einige Salatblätter auf einen Teller legen. Kartoffeln und Linsen mit den zurückbehaltenen Zwiebelringen danebenlegen. Einen Klecks Crème fraîche daraufsetzen und mit Schnittlauch bestreuen.

Süßsaure Linsen mit Spätzle

50 Gramm Vollkornspätzle

Meersalz

1 Zwiebel

1 kleine Möhre

2 TL Butter oder Margarine

1 Portion Linsen (gegart)

schwarzer Pfeffer aus der Mühle

2 TL Birnendicksaft

2 EL Obstessig

1. Spätzle in eine Schüssel (mit Deckel) geben, zwei Tassen Wasser zugießen und mit etwas Salz würzen. Zugedeckt erst zwei Minuten mit 600 Watt, dann vier Minuten mit 360 Watt garen. In dieser Zeit die Spätzle einmal umrühren.
2. Zwiebel pellen und in nicht zu feine Streifen, Möhre putzen und in Stifte schneiden.
3. Zwiebel in eine Schüssel geben, einen Teelöffel Butter hinzufügen. Die Möhrenstifte in eine dritte kleine Schüssel (mit Deckel) legen, einen Eßlöffel Wasser und etwas Salz zugeben. Zwiebeln of-

fen und Möhren zugedeckt zu den Spätzle stellen und alles zusammen drei Minuten mit 360 Watt garen.

4. Möhren und Spätzle einmal umrühren. Die Linsen mit wenig Salz und Pfeffer zu den Zwiebelstreifen geben, umrühren, zudek-ken und alles noch einmal drei Minuten mit 360 Watt garen.

5. Möhren und Spätzle abgießen und die Möhrenstifte in einem Teelöffel Butter schwenken. Die Linsen mit Birnendicksaft und Essig abschmecken und zusammen mit Möhren und Spätzle anrichten.

Linsencremesuppe mit Möhre

50 Gramm rote Linsen (roh)
1 kleine Möhre
2 EL Sahne (30%)
½ TL klare Gemüsepaste
Meersalz
1 EL gehackte Petersilie

Süßsaurer Linseneintopf

2 Kartoffeln
Meersalz
1 Päckchen TK-Suppengrün
1 Portion Linsen (gegart)
1 EL Weinessig
schwarzer Pfeffer aus der Mühle
1 TL brauner Zucker
1 EL gehackte Petersilie

1. Linsen in ein Sieb schütten und unter fließendem Wasser abspülen. Möhre putzen. Ein kleines Stück in hauchdünne Stifte schneiden und beiseite stellen. Das andere Stück der Möhre raffeln oder würfeln.

2. In einen hohen Becher (mit Deckel) Linsen und geraffelte Möhre füllen. Zwei Tassen Wasser zugießen und zugedeckt erst zwei Minuten mit 600 Watt garen, danach sieben Minuten mit 180 Watt. Zwischendurch einmal umrühren.

3. Linsen-Möhren-Mischung zusammen mit der Sahne und der Gemüsepaste pürieren. Eventuell mit etwas Salz abschmecken.

4. Die Suppe in eine Suppenschale füllen, die Möhrenstifte zugeben und mit Petersilie bestreuen.

1. Kartoffeln schälen und in ein Zentimeter breite Stifte schneiden. In eine Schüssel (mit Deckel) legen, Salz und eine Tasse Wasser zugeben und zugedeckt zwei Minuten mit 600 Watt garen.

2. Suppengrün und Linsen zu den Kartoffeln geben. Mit Essig, Salz, Pfeffer und Zucker würzen, umrühren und zugedeckt vier Minuten mit 600 Watt garen. Dabei einmal umrühren.

3. Den Eintopf in einer Suppenschale anrichten und mit Petersilie bestreuen.

Kichererbsenragout mit Kartoffelpüree

3 Kartoffeln
Meersalz
2 kleine Gewürzgurken
2 EL Candygurken
1 Portion Kichererbsen (gegart)
1 TL Weizenvollkornmehl
1 TL Sonnenblumenöl
2 EL Sahne (30%)
1 EL Obstessig
1 TL Honig
weißer Pfeffer aus der Mühle
1 TL Butter oder Margarine
2 EL gehackter Dill
1 Zweig Dill zum Verzieren

1. Kartoffeln schälen, würfeln und in einen hohen Becher (mit Deckel) füllen. Eine reichliche halbe Tasse Wasser zugießen, salzen und zudecken.

2. Gurken würfeln und in eine Schüssel (mit Deckel) füllen. Kichererbsen zugeben.

3. In einer Tasse Mehl, Öl, Sahne, zwei Eßlöffel Wasser, Essig, Honig, wenig Salz und Pfeffer verrühren. Über die Kichererbsen-Gurken-Mischung gießen und zudecken.

4. Kartoffeln zwei Minuten mit 600 Watt garen. Kichererbsen dazustellen und zusammen erst drei Minuten mit 600 Watt garen, dann vier Minuten mit 360 Watt. Zwischendurch Kartoffeln und Kichererbsen einmal umrühren.

5. Die Kartoffeln mit dem Kochwasser und der Butter pürieren und auf einen Teller geben. Die Kichererbsen mit Dill verrühren, neben dem Püree anrichten und mit einem Dillzweig verzieren.

Kichererbsen mit Basilikumsahne

3 Kartoffeln
Meersalz
1 Portion Kichererbsen (gegart)
2 EL Basilikum
1 Tomate
2 TL Sonnenblumenöl
1 EL Obstessig
schwarzer Pfeffer aus der Mühle
1 Paprikaschote
1 MSP klare Gemüsepaste
1 TL Weizenvollkornmehl
2 EL Sahne (30%)

1. Kartoffeln schälen, in Würfel schneiden und zusammen mit einer halben Tasse Wasser und etwas Salz in eine Schüssel (mit Deckel) geben.

2. Kichererbsen mit einem Eßlöffel Basilikum, einer zerkleinerten Tomate, einem Teelöffel Öl, Essig, Salz und Pfeffer im Blitzhacker zu einer grobkörnigen Masse verarbeiten. Die Masse in die geputzte Paprikaschote füllen und den Deckel daraufsetzen. In eine Schüssel (mit Deckel) stellen, vier Eßlöffel Wasser und die Gemüsepaste dazugeben.

3. Paprikaschote und Kartoffeln zugedeckt zehn Minuten mit 600 Watt garen. Die Kartoffeln zwischendurch einmal umrühren, die Schüssel mit der Paprikaschote einmal drehen.

4. Mehl, einen Teelöffel Öl, Sahne und einen Eßlöffel gehacktes Basilikum verrühren.

5. Die Paprikaschote auf einen Teller setzen, die Kartoffeln in dem restlichen Kochwasser mit einer Gabel zermusen und neben der Paprikaschote anrichten.

6. Die Basilikumsauce ins Kochwasser der Paprikaschote rühren und eine Minute mit 600 Watt offen erhitzen. Gut durchquirlen und neben die Paprikaschote und das Kartoffelpüree gießen.

Kichererbseneintopf provençalische Art

1 kleine Zucchini
1 Tomate
1 Frühlingszwiebel
½ Bund Basilikum
1 Portion Kichererbsen (gegart)
1 EL Sonnenblumenöl
1 EL Obstessig
1 EL Paprikamark (Tube)
Meersalz
schwarzer Pfeffer aus der Mühle

1. Zucchini, Tomate und Frühlingszwiebel waschen und putzen. Die Zucchini in Scheiben, die Tomate in dicke Spalten und die Frühlingszwiebel in feine Streifen schneiden. Basilikum hacken.
2. Kichererbsen und Gemüse in eine Schüssel (mit Deckel) füllen.
3. In einer Tasse Öl, Essig, zwei Eßlöffel Wasser, Paprikamark, Salz und Pfeffer verrühren, über das Gemüse gießen und umrühren. Zugedeckt vier Minuten mit 600 Watt erhitzen, dabei noch einmal umrühren.
4. Das gehackte Basilikum unterheben, den Eintopf in einer Suppenschale anrichten.

Kichererbsencremesuppe mit Dill

1 Portion Kichererbsen (gegart)
1 MSP klare Gemüsepaste
2 EL Sahne (30%)
1 EL Zitronensaft
weißer Pfeffer aus der Mühle
Meersalz
1 EL gehackter Dill
1 Zweig Dill zum Verzieren

1. Die Kichererbsen in einen hohen Becher füllen. Eine Tasse Wasser und Gemüsepaste zugeben und mit dem Schneidstab pürieren.
2. Sahne, Zitronensaft und Pfeffer zugeben und offen zwei Minuten mit 600 Watt kochen.
3. Die Suppe umrühren, eventuell mit etwas Salz abschmecken und den Dill hineinrühren.
4. In eine Suppentasse füllen und mit einem Dillzweig verzieren.

Kichererbsenrolle mit Pistazien auf Zucchinischaum

1 Zucchini (150 Gramm)
1 TL Zitronensaft
Meersalz
weißer Pfeffer aus der Mühle
1 Portion Kichererbsen (gegart)
2 EL Sahnequark
2 EL gehackte Pistazien
1 Eiweiß (Handelsklasse 3)
1 Petersilienzweig

1. Zucchini putzen und würfeln. Einige Zucchinischeiben für die Dekoration zurückbehalten. Zucchiniwürfel mit Zitronensaft, zwei Eßlöffel Wasser, etwas Salz und Pfeffer in einen hohen Becher (mit Deckel) füllen.

2. Kichererbsen in einen Mixbecher füllen, Quark dazugeben und mit dem Schneidstab pürieren. Einen Eßlöffel von der Quarkmasse zu den Zucchiniwürfeln geben und unterrühren. Den Rest des Pürees mit Pistazien, Eiweiß, etwas Salz und Pfeffer vermischen. Auf ein Stück Mikrofolie geben und zu einer Rolle formen. Die Folienenden gut zusammendrehen.

3. Zucchini zugedeckt vier Minuten mit 600 Watt garen. Zwischendurch einmal umrühren.

4. Eine Tasse Wasser in eine Schüssel füllen und die Kicher-

erbsenrolle hineinlegen. Zu den Zucchini stellen und zusammen weitere fünf Minuten mit 600 Watt garen. Zucchini in dieser Zeit noch einmal umrühren.

5. Die Rolle aus dem Wasser nehmen und etwas ruhen lassen. Die Zucchini mit dem Schneidstab pürieren und den Zucchinischaum auf einem Teller anrichten. Die Kichererbsenrolle auswickeln und mit einem sehr scharfen Messer schräg in ein Zentimeter breite Taler schneiden, auf den Zucchinischaum legen. Mit den restlichen Zucchinischeiben und dem Petersilienzweig verzieren.

Kichererbsenklößchen mit Kapernsauce

1 Portion Kichererbsen (gegart)

1 Frühlingszwiebel

1 EL Vollkornzwiebackbrösel

2 EL Mineralwasser

1 Eiweiß (Handelsklasse 3)

Meersalz

weißer Pfeffer aus der Mühle

2 Kartoffeln

100 Gramm kleine Rote Bete

1 TL Weizenvollkornmehl

1 TL Sonnenblumenöl

2 EL Sahne (30%)

1 EL Zitronensaft

2 TL Kapern

1. Die Kichererbsen zusammen mit der Frühlingszwiebel im Blitzhacker zerkleinern.

2. Die Masse mit Vollkornzwiebackbröseln, Mineralwasser, Eiweiß, Salz und Pfeffer vermengen und eine Weile ruhen lassen. Dann drei Klößchen formen und in Mikrofolie wickeln. Die Folie dabei fest zudrehen.

3. Die Kartoffeln unter fließendem Wasser gut abbürsten. Die Rote Bete schälen. Kartoffeln und Rote Bete einzeln in Mikrofolie wickeln und fest zudrehen.

4. Eine Schüssel mit einer Tasse Wasser füllen, die Klößchen hineinsetzen. Die Rote Bete und die Kartoffeln dazulegen und alles sechs Minuten mit 600 Watt garen. Klößchen, Rote Bete und Kartoffeln dabei jeweils einmal umsetzen.

5. In der Zwischenzeit in einer Tasse aus Mehl, Öl, Sahne, Zitronensaft, zwei Eßlöffel Wasser, gehackten Kapern, Salz und Pfeffer eine Sauce rühren. Klößchen, Kartoffeln und Rote Bete aus der Mikrowelle nehmen und die Sauce offen zwei Minuten mit 600 Watt kochen.

6. Rote Bete halbieren und zusammen mit den Kartoffeln und Klößchen auf einen Teller legen. Die Kapernsauce durchrühren und über die Klößchen gießen.

Kichererbsen mit Rosenkohl

150 Gramm geputzter Rosenkohl
Meersalz
1 TL Weizenvollkornmohl
1 TL Sonnenblumenöl
2 EL Sahne (30%)
2 EL Zitronensaft
weißer Pfeffer aus der Mühle
1 Portion Kichererbsen (gegart)
1 EL gehackte Zitronenmelisse
einige Blättchen Zitronenmelisse

1. Den Rosenkohl waschen und halbieren. In eine Schüssel (mit Deckel) füllen, eine halbe Tasse Wasser und etwas Salz zugeben.

2. In einem Schälchen Mehl, Öl, Sahne, Zitronensaft, Salz und Pfeffer verrühren.

3. Den Rosenkohl zugedeckt fünf Minuten mit 600 Watt garen, zwischendurch einmal umrühren.

4. Die Kichererbsen zum Rosenkohl geben. Die Zitronensauce zugießen und zugedeckt vier Minuten mit 600 Watt weitergaren. Den Eintopf zwischendurch noch einmal umrühren.

5. Mit gehackter Zitronenmelisse bestreuen und mit einigen Blättchen verzieren.

Kichererbsen mit Spinat

3 Kartoffeln
100 Gramm geputzter Spinat
1 Schalotte
2 TL Sonnenblumenöl
2 TL Weizenvollkornmehl
2 EL Sahne (30%)
1 TL Zitronensaft
1 Portion Kichererbsen (gegart)
Meersalz
schwarzer Pfeffer aus der Mühle
1 TL Kreuzkümmel

1. Kartoffeln unter fließendem Wasser abbürsten und einzeln in Mikrofolie wickeln.

2. Den Spinat waschen und grob hacken, die Schalotte pellen und fein würfeln.

3. Öl und Schalotte in eine große Schüssel (mit Deckel) geben.

4. Kartoffeln drei Minuten mit 600 Watt garen. Kartoffeln umlegen und die Schalotten dazustellen. Weitere zwei Minuten mit 600 Watt garen. Mehl, Sahne, Zitronensaft und eine halbe Tasse Wasser zu den Schalotten geben, umrühren und zwei Minuten mit 600 Watt garen.

5. Die Kartoffeln noch einmal umlegen. Kichererbsen und Spinat in die Schüssel füllen. Mit Salz, Pfeffer und Kreuzkümmel würzen und zugedeckt zwei Minuten mit 600 Watt garen.

6. Kartoffeln pellen und auf einen Teller legen, das Gemüse daneben anrichten.

Wenn es um Ballaststoffe und B-Vitamine geht, rangiert Getreide ganz vorn. In allen Rezepten auf den folgenden Seiten schlagen wir bestimmte Getreidesorten vor. Falls Sie aber gerade eine andere Sorte in Ihrem Vorrat haben, können Sie natürlich auch diese verwenden.

Grünkernküchlein
mit Senfsauce und Porree

1 Schalotte

1 TL Butter oder Margarine

1 Portion Grünkern (gegart)

2 MSP Gemüsepaste

1 Eiweiß (Handelsklasse 3)

2 EL geriebener Käse (45%)

Meersalz

1 EL Schnittlauchröllchen

1 TL Weizenvollkornmehl

3 TL Sonnenblumenöl

1 EL süßer Senf

1 Stange Porree

1 TL Zitronensaft

weißer Pfeffer aus der Mühle

4 EL Kefir oder Magermilchjoghurt

1. Schalotte würfeln und offen eine Minute mit 600 Watt in der Butter glasig dünsten.
2. Grünkern, Gemüsepaste, zwei Eßlöffel Wasser, Eiweiß und Käse zu den Schalotten geben und untermischen. Mit Salz und Schnittlauchröllchen würzen.
3. Mehl, ein Teelöffel Öl, zwei Eßlöffel Wasser und Senf verrühren.
4. Porree putzen, waschen und schräg in ein Zentimeter breite Stücke schneiden. In eine Schüssel (mit Deckel) legen. Ein Eßlöffel Wasser, Zitronensaft, Salz und Pfeffer zugeben.
5. Den Porree zugedeckt zwei Minuten mit 600 Watt garen, einmal umrühren. Die Senfsauce dazustellen und offen eine Minute mit 600 Watt mitgaren.
6. In einer größeren beschichteten Pfanne das restliche Öl erhitzen und aus der Grünkernmischung fünf bis sechs Küchlein goldbraun ausbacken.
7. Küchlein und Porree auf einem Teller anrichten. Die Senfsauce mit Kefir oder Joghurt verrühren und neben den Porree gießen.

Kartoffel
mit Grünkern-Füllung

1 große Kartoffel

3 Stangen Staudensellerie

1 Portion Grünkern (gegart)

1 MSP Gemüsepaste

3 EL Weinessig

schwarzer Pfeffer aus der Mühle

1 EL Sonnenblumenöl

Meersalz

2 TL Crème fraîche

1. Die Kartoffel unter fließendem Wasser abbürsten, in Mikrofolie wickeln. Sieben Minuten mit 600 Watt garen, zwischendurch einmal umlegen. Dann prüfen, ob sie weich ist, sonst noch weitergaren.
2. Die Kartoffel halbieren, das Innere mit einer Gabel herauslösen.

3. Eine Stange Sellerie fein würfeln und mit Grünkern und Kartoffelinnerem vermengen. Die Gemüsepaste in einem Eßlöffel heißem Wasser auflösen und zugeben. Die Masse mit zwei Eßlöffel Essig und Pfeffer abschmecken.

4. Die Körnerfüllung in die Kartoffelhälften geben und zwei Minuten mit 600 Watt erhitzen.

5. Dazu gibt es einen Salat aus den restlichen beiden Stangen Sellerie. Die Stangen in feine Scheiben hobeln und mit einer Sauce aus Öl, Essig, wenig Salz und Pfeffer zubereiten. Den Selleriesalat neben den gefüllten Kartoffeln anrichten. Auf die Kartoffelhälften je einen Klecks Crème fraîche setzen.

Grünkern
mit Kresse-Sahne-Sauce

2 Kartoffeln
2 Schalotten
1 EL Sonnenblumenöl
2 TL Weizenvollkornmehl
2 MSP Gemüsepaste
2 EL Sahne (30%)
Meersalz
weißer Pfeffer aus der Mühle
geriebene Muskatnuß
1 Portion Grünkern (gegart)
1 Päckchen Kresse

1. Kartoffeln unter fließendem Wasser gründlich abbürsten und in Scheiben schneiden. Schalotten pellen und fein würfeln.

2. Schalottenwürfel und Öl in eine Schüssel (mit Deckel) füllen und offen zwei Minuten mit 600 Watt glasig dünsten.

3. Mehl, eine knappe Tasse Wasser, Gemüsepaste, Sahne, Salz, Pfeffer und Muskatnuß zugeben, einmal durchrühren und die Kartoffelscheiben hineinlegen. Zugedeckt vier Minuten mit 600 Watt garen, einmal umrühren.

4. Den Grünkern dazugeben, vorsichtig unter die Kartoffeln heben und zugedeckt noch zwei Minuten mit 600 Watt weitergaren.

5. Die Kresse vom Beet schneiden und auf den Grünkern-Kartoffeln verteilen.

Grünkernpuffer
mit Zimtäpfeln

1 mürber süßer Apfel
1 EL Zitronensaft
1 EL brauner Zucker
½ TL Zimt
1 Portion Grünkern (gegart)
1 kleine Zwiebel
2 EL Sahne (30%)
1 Eiweiß (Handelsklasse 3)
Meersalz
weißer Pfeffer aus der Mühle
1 EL Sonnenblumenöl
Minzeblätter zum Verzieren

1. Den Apfel waschen, das Kerngehäuse entfernen, den Apfel in Spalten schneiden und in eine Schüssel (mit Deckel) legen. Zitronensaft, Zucker und Zimt zugeben.

2. Im Blitzhacker Grünkern und Zwiebel fein zerkleinern. Sahne, Eiweiß, Salz und Pfeffer zugeben und gut verrühren.

3. Das Sonnenblumenöl in einer beschichteten Pfanne erhitzen und aus der Grünkernmasse drei goldbraune Puffer ausbacken. In der Zwischenzeit die Apfelspalten zugedeckt zwei Minuten mit 600 Watt garen.

4. Grünkernpuffer auf einen Teller legen und mit den Apfelspalten anrichten. Mit einigen Minzeblättern verzieren.

Buchweizen mit Rote Bete

1 kleine Knolle Rote Bete
1 Zwiebel
1 TL Butter oder Margarine
50 Gramm Buchweizen (roh)
1 MSP Gemüsepaste
1 Dill- oder Gewürzgurke
1 EL Zitronensaft
weißer Pfeffer aus der Mühle
2 TL Crème fraîche
1 EL gehackter Dill

1. Rote Bete gründlich unter fließendem Wasser abbürsten, in Mikrofolie wickeln und zwei Minuten mit 600 Watt garen.

2. Zwiebel pellen und würfeln, mit der Butter in eine Schüssel (mit Deckel) geben und zu der Rote Bete stellen. Offen zwei Minuten mit 600 Watt garen. Rote Bete beiseite legen.

3. Buchweizen, eine Tasse Wasser und Gemüsepaste mit den Zwiebeln mischen. Zugedeckt fünf Minuten mit 600 Watt garen, dabei einmal umrühren.

4. Geschälte Rote Bete und Gurke fein würfeln und zu dem Buchweizen tun. Mit Zitronensaft und Pfeffer würzen. Eine Minute mit 600 Watt zugedeckt erhitzen.

5. Buchweizen auf einem Teller anrichten, einen Klecks Crème fraîche daraufsetzen und mit Dill bestreuen.

Spargel mit Buchweizen

250 Gramm geputzter grüner oder weißer Spargel
Meersalz
1 TL brauner Zucker
2 EL Buchweizengrütze (roh)
2 EL gemischte Kräuter oder TK-8-Kräuter
4 TL Butter oder Margarine

1. Den Spargel waschen und in eine Schüssel (mit Deckel) legen. Eine halbe Tasse Wasser, etwas Salz und Zucker zugeben und zugedeckt fünf Minuten mit 600 Watt garen, dabei die Schüssel einmal drehen.

2. Buchweizengrütze in der Zwischenzeit in einer Pfanne anrösten, bis sie hellbraun wird. Mit den Kräutern mischen.

3. Den Spargel abtropfen lassen und auf eine Platte legen. Den gerösteten Buchweizen auf dem Spargel verteilen. Die Butter in der Pfanne schmelzen lassen und über den Spargel gießen.

Gefüllte Aubergine mit Buchweizen

3 Tomaten

3 EL Paprikamark (Tube)

Meersalz

schwarzer Pfeffer aus der Mühle

50 Gramm Buchweizen (roh)

1 MSP Gemüsepaste

1 kleine Aubergine (200 Gramm)

3 TL Walnußöl

1 Schalotte

1 Knoblauchzehe

1 TL getrockneter Thymian

1 EL gehackte Petersilie

2 EL geriebener Käse (45%)

1 Zweig Petersilie zum Verzieren

1. Tomaten waschen, in Spalten schneiden und in eine flache ofenfeste Form geben. Ein Eßlöffel Wasser mit einem Eßlöffel Paprikamark, Salz und Pfeffer verrühren, dazugießen und beiseite stellen.
2. Buchweizen mit einer halben Tasse Wasser und der Gemüsepaste in eine Schüssel (mit Deckel) geben und zugedeckt drei Minuten mit 600 Watt garen, dabei einmal umrühren. Den Grill auf Stufe 3 vorheizen.
3. Aubergine putzen, halbieren, aushöhlen und mit einem Teelöffel Öl bepinseln. Das Innnere der Aubergine hacken und zum Buchweizen geben.

4. Schalotte und Knoblauchzehe pellen und fein würfeln. Zusammen mit dem restlichen Öl, zwei Eßlöffel Paprikamark, etwas Salz, Pfeffer, Thymian und gehackter Petersilie unter den Buchweizen mischen. Die Buchweizenmasse in die Auberginenhälften füllen.
5. Die Auberginenhälften auf die Tomatenspalten setzen und die Buchweizenfüllung mit Käse bestreuen. Sechs Minuten offen mit 600 Watt und Grill überbacken. Zum Schluß mit dem Petersilienzweig garnieren.

Buchweizen mit Vanillesahne

1 Orange (ungespritzt)

50 Gramm Buchweizen (roh)

Meersalz

2 TL brauner Zucker

3 EL Sahne (30%)

½ Vanilleschote

1 Zweig Zitronenmelisse (wenn Sie haben)

1. Die Orange heiß abwaschen und die Schale von der Hälfte der Orange abreiben und beiseite stellen. Dann die Orange schälen, die Filets herauslösen und dabei den Saft auffangen. Den Orangensaft mit so viel Wasser verdünnen, bis Sie eine knappe Tasse Flüssigkeit haben.

2. Buchweizen in eine Schüssel (mit Deckel) füllen und mit dem verdünnten Orangensaft, wenig Salz, Orangenschale und Zucker verrühren. Zugedeckt fünf Minuten mit 600 Watt garen, zwischendurch einmal umrühren.

3. Sahne und Vanillemark mit dem Elektroquirl cremig rühren.

4. Den Buchweizen in einem Schälchen anrichten, die Orangenfilets rundherumlegen, die Vanillesahne daraufgeben und mit Zitronenmelisse dekorieren.

Roggenrisotto

1 Frühlingszwiebel
50 Gramm Champignons
½ Bund Schnittlauch
1 Portion Roggen (gegart)
1 EL Sonnenblumenöl
1 TL Zitronensaft
Meersalz
schwarzer Pfeffer aus der Mühle
2 EL geriebener Käse (45%)
einige Salatblätter

1. Frühlingszwiebel putzen, waschen und in feine Ringe schneiden. Champignons putzen, waschen, trockentupfen und halbieren. Schnittlauch in lange Röllchen schneiden.

2. In eine Schüssel (mit Deckel) Roggen, Frühlingszwiebel, Champignons, Öl, Zitronensaft, Salz, Pfeffer und Käse geben und mischen.

3. Risotto zugedeckt zwei Minuten mit 600 Watt erhitzen, einmal umrühren.

4. Salatblätter auf einem Teller verteilen. Das Risotto darauf anrichten und mit Schnittlauchröllchen bestreuen.

Sahneroggen

1 rote Zwiebel
1 Knoblauchzehe
1 EL Sonnenblumenöl
1 Portion Roggen (gegart)
2 EL Crème fraîche
Meersalz
schwarzer Pfeffer aus der Mühle
einige Salatblätter
1 Stück Gurke (50 Gramm)
1 EL gehackte Petersilie

1. Zwiebel und Knoblauchzehe pellen und würfeln. Beides in Öl offen zwei Minuten mit 600 Watt dünsten.

2. Roggen, Crème fraîche, zwei Eßlöffel Wasser, Salz und Pfeffer mit der Zwiebel vermengen und zugedeckt zwei Minuten mit 600 Watt erhitzen, dabei einmal umrühren.

3. Salatblätter waschen und trockentupfen. Gurke waschen und in Scheiben schneiden. Beides auf einem Teller anrichten, Sahneroggen darübergeben und mit Petersilie bestreuen.

Kartoffelsuppe mit Roggen

2 Kartoffeln
1 Stange Porree
2 MSP klare Gemüsepaste
1 Zwiebel
1 TL Butter oder Margarine
1 Portion Roggen (gegart)
schwarzer Pfeffer aus der Mühle
Meersalz

1. Kartoffeln schälen, Porree putzen und beides grob zerteilen. Ein Stück Porree in dünne Ringe schneiden und beiseite legen.
2. Porree und Kartoffeln mit zwei Tassen Wasser und der Gemüsepaste in eine Schüssel (mit Deckel) füllen und zugedeckt acht Minuten mit 600 Watt garen, zwischendurch einmal umrühren.
3. Zwiebel fein würfeln und in einer beschichteten Pfanne mit Butter goldgelb braten. Roggen dazugeben und einige Minuten weiterrösten, mit Pfeffer würzen.
4. Die Suppe mit dem Schneidstab pürieren, eventuell mit Salz und Pfeffer nachwürzen und in eine Suppenschale füllen. Die gerösteten Roggenkörner hineinstreuen und mit den Porreeringen verzieren.

Roggen-Spinat-Auflauf

150 Gramm geputzter Spinat
1 Portion Roggen (gegart)
Meersalz
schwarzer Pfeffer aus der Mühle
1 ½ EL Zitronensaft
125 Gramm Sahnequark
1 Schalotte
geriebene Muskatnuß
2 EL Schnittlauchröllchen
1 Eiweiß (Handelsklasse 3)

1. Spinat waschen und grob hakken. In eine ofenfeste Schüssel füllen. Den Roggen hinzugeben, mit Salz, Pfeffer und einem Eßlöffel Zitronensaft würzen. Alles gründlich mischen. Den Grill auf Stufe 3 vorheizen.
2. Quark mit gewürfelter Schalotte, einem Teelöffel Zitronensaft, Salz, Pfeffer, Muskatnuß und Schnittlauch verrühren. Eiweiß steif schlagen und unter die Quarkmasse heben.
3. Die Quarkmasse auf der Roggen-Spinat-Mischung verteilen und offen sieben Minuten mit 360 Watt und Grill überbacken.

Weizenpfannkuchen mit Rhabarber

200 Gramm Rhabarber
1 EL Zitronensaft
2 ½ EL brauner Zucker
½ Vanilleschote
1 Portion Weizen (gegart)
1 TL Butter oder Margarine
1 Ei (Handelsklasse 3)
2 EL Sahne (30%)
Meersalz
½ TL Zimt

1. Rhabarber putzen, in Stücke schneiden und in eine Schüssel (mit Deckel) legen. Zitronensaft zugeben und zugedeckt drei Minuten mit 600 Watt garen, dabei einmal umrühren. Mit zwei Eßlöffel Zucker und Vanillemark abschmecken.

2. Den Weizen in einer beschichteten Pfanne zusammen mit der Butter anbraten.

3. Das Ei mit Sahne, ganz wenig Salz, Zimt und dem restlichen Zucker verquirlen, über die angebratenen Weizenkörner gießen und stocken lassen, bis die Unterseite goldgelb und die Oberseite fast trocken ist.

4. Den Pfannkuchen mit dem Bratenwender aus der Pfanne heben, mit der braunen Seite nach oben auf einen Teller legen und das Kompott daneben anrichten.

Gebratener Weizen mit Gemüse und Senfsauce

1 Zwiebel
1 Möhre
1 Zucchini
1 EL Zitronensaft
Meersalz
2 TL Butter oder Margarine
1 Portion Weizen (gegart)
weißer Pfeffer aus der Mühle
2 EL Crème fraîche
1 EL mittelscharfer Senf

1. Zwiebel pellen und würfeln. Möhre und Zucchini putzen. Möhre schräg in Scheiben und Zucchini in fingerdicke Stifte schneiden und in eine Schüssel (mit Deckel) legen. Zitronensaft und wenig Salz zugeben. Zugedeckt fünf Minuten mit 600 Watt garen. Zwischendurch einmal umrühren.

2. Inzwischen die Zwiebelwürfel in einem Teelöffel Butter in einer beschichteten Pfanne braten. Den Weizen zugeben und solange braten, bis das Gemüse fertig ist. Mit Salz und Pfeffer würzen.

3. Crème fraîche und Senf verrühren. An das Gemüse einen Teelöffel Butter geben, kurz schwenken und das Gemüsewasser in die Senfsauce gießen. Die Sauce mit Pfeffer würzen und zugedeckt eine Minute mit 600 Watt erhitzen. Einmal durchrühren.

4. Den Weizen auf einem Teller anrichten. Möhre und Zucchini dazulegen und die Senfsauce über das Gemüse gießen.

Käsespätzle

Meersalz

50 Gramm Vollkornspätzle

3 Zwiebeln

1 EL Sonnenblumenöl

schwarzer Pfeffer aus der Mühle

4 EL geriebener Käse (45%)

1 Portion Kopfsalat

2 TL Zitronensaft

1 Prise brauner Zucker

1 EL Schnittlauchröllchen

1. In einer Schüssel (mit Deckel) drei Tassen Wasser mit etwas Salz zum Kochen bringen. Spätzle zugeben und bißfest garen (siehe Tip auf Seite 28).

2. Zwiebeln pellen, würfeln und in einer beschichteten Pfanne in einem halben Eßlöffel Öl goldbraun braten. Mit Salz und Pfeffer würzen.

3. Die Spätzle in einem Sieb gut abtropfen lassen und in eine flache Form füllen, die Zwiebelwürfel darauf verteilen und mit dem Käse bestreuen.

4. Die Spätzle offen fünf Minuten mit 600 Watt erhitzen. Die Form während dieser Zeit einmal drehen.

5. Dazu gibt es eine Portion Kopfsalat mit einer Sauce aus dem restlichen Öl, Zitronensaft, wenig Salz, Pfeffer, eventuell einer Prise Zucker und Schnittlauchröllchen.

Vollkornpizza

4 EL und 1 TL Weizenvollkornmehl

1 EL Sonnenblumenöl

Meersalz

schwarzer Pfeffer aus der Mühle

1 kleine Stange Porree

1 EL Sahne (30%)

2 EL geriebener Käse (45%)

1. Vier Eßlöffel Mehl mit Öl, vier Eßlöffel Wasser, Salz und Pfeffer verrühren und 20 Minuten ausquellen lassen.

2. Porree putzen, waschen und schräg in Scheiben schneiden. In eine Schüssel (mit Deckel) füllen. In einer Tasse ein Teelöffel Mehl, Sahne, ein Eßlöffel geriebenen Käse, ein Eßlöffel Wasser, etwas Salz und Pfeffer verrühren und zu dem Porree geben. Porree und Sauce gut mischen und zugedeckt drei Minuten mit 600 Watt garen, zwischendurch noch einmal umrühren. Dann den Grill auf Stufe 3 vorheizen.

3. Auf einen Teller ein Stück Backpapier legen. Den Teig mit dem Rücken eines Löffels dünn darauf verstreichen und den Pizzaboden acht bis zehn Minuten unter dem Grill backen.

4. Den Porree auf dem Pizzaboden verteilen und drei Minuten übergrillen. Die heiße Pizza mit dem restlichen Käse bestreuen.

Tip: Für den Belag eignen sich auch andere Gemüsesorten, wie zum Beispiel Brokkoli, Champignons oder Zucchini.

Weizen

Gefüllter Wirsing mit Weizen

½ kleiner geputzter Wirsing
1 Portion Weizen (gegart)
2 EL Zitronensaft
Meersalz
schwarzer Pfeffer aus der Mühle
1 TL Kümmel
2 EL Crème fraîche

1. Das Innere von dem Wirsing herauslösen, die äußeren Blätter in eine Schüssel (mit Deckel), in die die Wirsinghälfte gerade paßt, legen (sonst Kompottschale nehmen und mit Mikrofolie zudecken). Eine knappe halbe Tasse Wasser zugießen.
2. Das Wirsinginnere hacken und mit dem Weizen und vier Eßlöffel Wasser mischen. Mit Zitronensaft, Salz, Pfeffer und Kümmel kräftig abschmecken. Die Mischung in die Wirsinghälfte füllen und zugedeckt erst vier Minuten mit 600 Watt, dann vier Minuten mit 360 Watt garen. Zwischendurch die Schüssel einmal drehen.
3. Den gefüllten Wirsing aus der Schüssel heben, abtropfen lassen und auf einen Teller legen. Crème fraîche mit etwas Salz und Kümmel verrühren und über den heißen Wirsing geben.

Möhreneintopf mit Weizen

1 große Möhre (100 Gramm)
1 Kartoffel
½ TL Gemüsepaste
Meersalz
schwarzer Pfeffer aus der Mühle
1 Portion Weizen (gegart)
½ TL brauner Zucker
1 TL Butter oder Margarine
2 EL gehackte Petersilie
1 Zweig Petersilie zum Verzieren

1. Möhre und Kartoffel schälen und waschen. Möhre in kurze Stifte, Kartoffel in Schnitze schneiden.
2. Beides in eine Schüssel (mit Deckel) legen, eine Tasse Wasser dazugießen. Mit Gemüsepaste, Salz und Pfeffer würzen und zugedeckt sechs Minuten mit 600 Watt garen. Zwischendurch einmal umrühren.
3. Weizen, Zucker und Butter unterheben und zugedeckt eine Minute mit 600 Watt weitergaren.
4. Gehackte Petersilie dazugeben und den Möhreneintopf mit einem Zweig Petersilie garnieren.

Wildreis mit Gemüse und Estragonsauce

1 Schalotte
2 TL Weizenvollkornmehl
1 EL und 1 TL Walnußöl
2 EL Weißwein
Meersalz
weißer Pfeffer aus der Mühle
200 Gramm gemischtes Gemüse (Zucker-schoten, Kenia-Böhnchen, Pilze usw.)
1 TL Zitronensaft
1 Portion Wildreis (gegart)
½ Becher Sahnejoghurt
1 EL frischer oder 1 TL getrockneter Estragon

1. In einer Glasschüssel fein gewürfelte Schalotte, Mehl, ein Eßlöffel Öl, Wein, zwei Eßlöffel Wasser, wenig Salz und Pfeffer verrühren und beiseite stellen.

2. Das Gemüse putzen, waschen und in eine Schüssel (mit Deckel) legen. Ein Teelöffel Walnußöl, Zitronensaft, eine halbe Tasse Wasser, wenig Salz und Pfeffer zugeben. Zugedeckt vier Minuten mit 600 Watt garen und dann etwas umschichten.

3. Den Wildreis in eine Schüssel (mit Deckel) füllen. Zugedeckt dazustellen und vier Minuten mit 360 Watt weitergaren.

4. Beide Schüsseln herausnehmen. Das Gemüsewasser in die Sauce rühren und offen drei Minuten mit 600 Watt garen, dabei einmal umrühren. Sauce mit feingehacktem Estragon und Joghurt verquirlen.

5. Den Wildreis auf einen Teller oder eine Platte legen. Die einzelnen Gemüsesorten fächerförmig rundherumlegen und die Estragonsauce danebengießen.

Spargelbrühe mit Wildreis

150 Gramm geputzter Spargel (weißer oder grüner)
Meersalz
weißer Pfeffer aus der Mühle
½ TL brauner Zucker
1 Portion Wildreis (gegart)
1 EL gehackte Petersilie

1. Den Spargel waschen, die Köpfe abschneiden und die Stangen schräg in Scheiben schneiden.

2. Zwei Tassen Wasser in eine Schüssel (mit Deckel) füllen. Spargelstücke, etwas Salz, Pfeffer und Zucker zugeben. Zugedeckt fünf Minuten mit 600 Watt garen, dabei einmal umrühren.

3. Den Wildreis dazugeben und zugedeckt zwei Minuten mit 600 Watt weitergaren.

4. Die Suppe in einer Suppenschale anrichten und mit gehackter Petersilie bestreuen.

Mangold mit Wildreis und Safransauce

2 TL Weizenvollkornmehl
2 EL Sonnenblumenöl
2 EL Sahne (30%)
Meersalz
weißer Pfeffer aus der Mühle
1 knappe MSP Safran
1 kleine Staude Mangold (ca. 150 Gramm)
1 EL Zitronensaft
1 Knoblauchzehe
1 Portion Wildreis (gegart)

1. In einer Glasschüssel eine Sauce aus Mehl, einem Eßlöffel Öl, Sahne, wenig Salz, Pfeffer und Safran rühren und beiseite stellen.
2. Mangold putzen und waschen. Die weißen Rippen herausschneiden. Das Grün grob hacken.
3. Die Mangoldrippen in eine Schüssel (mit Deckel) legen. Eine halbe Tasse Wasser zugießen. Mit Zitronensaft, Salz und Pfeffer würzen. Zugedeckt vier Minuten mit 600 Watt garen. Dabei einmal umschichten.
4. Den gehackten Mangold zugeben, wieder zudecken und alles zwei Minuten mit 600 Watt weitergaren.
5. Das Gemüsewasser zu der Sauce geben und einmal durchrühren. Den Mangold mit einem Eßlöffel Sonnenblumenöl und der zerdrückten Knoblauchzehe mi-

schen und offen in die Mikrowelle stellen. Den Wildreis in einer Schüssel zugedeckt dazustellen und alles zusammen zwei Minuten mit 600 Watt erhitzen.
6. Zum Schluß die Sauce offen drei Minuten mit 600 Watt kochen, dabei jede Minute einmal mit dem Schneebesen durchquirlen.

Tip: Wenn Sie keine kleine Staude Mangold oder gar keinen bekommen, können Sie für dieses Rezept auch die gleiche Menge Blattspinat verwenden.

Wildreis mit Austernpilzen

1 Portion Wildreis (gegart)
100 Gramm Austernpilze oder große Champignons
2 EL Sonnenblumenöl
2 EL Buchweizengrütze
1 Knoblauchzehe
1 TL Zitronensaft
Meersalz
schwarzer Pfeffer aus der Mühle
1 EL Petersilienblättchen

1. Grill auf Stufe 3 vorheizen.
2. Wildreis in eine ofenfeste, flache Form geben. Pilze putzen, eventuell kleinschneiden und dachziegelartig danebenlegen.

3. Öl mit der Buchweizengrütze, durchgepreßter Knoblauchzehe, Zitronensaft, wenig Salz und Pfeffer verrühren und auf den Austernpilzen verteilen.

4. Die Form in die Mikrowelle stellen und offen fünf Minuten mit 360 Watt und Grill erhitzen. Die Form dabei einmal drehen. Die Pilze mit Petersilienblättchen bestreuen.

Hirsepfannkuchen mit Backobst

50 Gramm Hirse (roh)

Meersalz

50 Gramm Backobst

1 EL Zitronensaft

2 TL brauner Zucker

½ Vanilleschote

1 Nelke

1 TL abgeriebene Zitronenschale (ungespritzt)

1 Eiweiß (Handelsklasse 3)

1 EL Sonnenblumenöl

1. Hirse abspülen und mit zwei Tassen Wasser und wenig Salz in eine Schüssel (mit Deckel) geben und zugedeckt fünf Minuten mit 600 Watt erhitzen, dabei einmal umrühren.

2. In eine zweite Schüssel (mit Deckel) das Backobst legen, Zitronensaft und vier Eßlöffel Wasser dazugeben, mit einem Teelöffel Zucker, aufgeschnittener Vanilleschote und Nelke würzen. Zugedeckt zu der Hirse stellen. Zehn Minuten mit 360 Watt garen, dabei einmal umrühren.

3. Die Hirse mit einem Teelöffel Zucker und Zitronenschale mischen, das Eiweiß unterrühren.

4. Das Öl in einer beschichteten Pfanne erhitzen und aus der Hirsemasse drei kleine Pfannkuchen backen.

5. Die Pfannkuchen auf einen Teller legen. Die Vanilleschote und die Nelke aus dem Backobst nehmen. Das Obst neben den Pfannkuchen anrichten.

Zitronenhirse

50 Gramm Hirse (roh)

2 EL Rosinen

2 EL Zitronensaft

1 EL Honig

2 EL Sahne (30%)

1 EL Pistazien

1 Banane

½ TL Zimt

1. Hirse abspülen und mit den Rosinen und eineinhalb Tassen Wasser in eine Schüssel (mit Deckel) geben. Zugedeckt erst fünf Minuten mit 600 Watt, dann zehn Minuten mit 360 Watt ausquellen lassen. Zwischendurch zweimal umrühren.

2. Zitronensaft, Honig, Sahne, Pistazien und die in Scheiben geschnittene Banane unterheben und mit Zimt abschmecken.

Gefüllte Champignons mit Hirse

1 Knoblauchzehe
1 Schalotte
3 große Champignons
1 EL Sonnenblumenöl
50 Gramm Hirse (roh)
1 EL Zitronensaft
Meersalz
schwarzer Pfeffer aus der Mühle
1 EL Basilikum
½ Kugel Mozzarella (75 Gramm)
1 Zweig Basilikum zum Verzieren

1. Knoblauchzehe und Schalotte pellen und würfeln. Die Champignons putzen, die Stiele würfeln. Knoblauch-, Schalotten- und Champignonwürfel zusammen mit dem Öl in eine Schüssel (mit Deckel) geben und offen drei Minuten mit 600 Watt garen.
2. Dann die abgespülte Hirse zufügen. Eineinhalb Tassen Wasser und Zitronensaft zugießen und mit Salz und Pfeffer würzen. Zugedeckt erst fünf Minuten mit 600 Watt garen, dann zehn Minuten mit 360 Watt. In dieser Zeit zweimal umrühren.
3. Basilikum hacken und unter die Hirse rühren. Die Masse in die Champignonköpfe füllen und auf einen Teller legen. Mozzarella in Scheiben schneiden und darauf verteilen. Offen vier Minuten mit 360 Watt erhitzen, den Teller dabei einmal drehen. Mit einem Basilikumzweig verzieren.

Hirse-Spinat-Gratin

150 Gramm geputzter Spinat
1 EL Zitronensaft
Meersalz
schwarzer Pfeffer aus der Mühle
50 Gramm Hirse (roh)
geriebene Muskatnuß
1 Knoblauchzehe
1 EL Sonnenblumenöl
3 EL geriebener Käse (45%)

1. Spinat waschen und grob hakken. In einer großen Schüssel (mit Deckel) Zitronensaft, zwei Eßlöffel Wasser, etwas Salz und Pfeffer verrühren. Den Spinat dazugeben.
2. Hirse abspülen und zusammen mit eineinhalb Tassen Wasser, etwas Salz, Pfeffer und Muskatnuß in eine Schüssel (mit Deckel) füllen und fünf Minuten mit 600 Watt garen, danach fünf Minuten mit 360 Watt. Zwischendurch zweimal umrühren.
3. Die Schüssel mit dem Spinat zugedeckt dazustellen und zusammen fünf Minuten mit 360 Watt weitergaren. Dabei den Spinat und die Hirse einmal umrühren. Die Hirse beiseite stellen.

4. Knoblauchzehe hacken und zusammen mit dem Öl zum Spinat geben. Den Spinat offen eine Minute mit 600 Watt erhitzen. Dann den Grill auf Stufe 3 vorheizen.

5. Hirse und Spinat vorsichtig mischen und in eine flache ofenfeste Form füllen. Den Käse darüberstreuen und fünf Minuten übergrillen.

Kräuterhirse mit Ratatouille

50 Gramm Hirse (roh)
Meersalz
schwarzer Pfeffer aus der Mühle
1 kleine Aubergine (100 Gramm)
1 kleine Zucchini (75 Gramm)
1 Tomate
1 Frühlingszwiebel
1 Knoblauchzehe
1 EL Sonnenblumenöl
2 EL Tomatenmark (Tube)
½ TL getrockneter Thymian
1 EL gehackte Petersilie
1 EL gehacktes Basilikum

1. Abgespülte Hirse mit eineinhalb Tassen Wasser, Salz und Pfeffer in eine Schüssel (mit Deckel) geben und zugedeckt erst fünf Minuten mit 600 Watt, dann zehn Minuten mit 360 Watt ausquellen lassen. Dabei zweimal umrühren.
2. In der Zwischenzeit Aubergine, Zucchini und Tomate waschen und in große Würfel schneiden. Frühlingszwiebel putzen und in Streifen schneiden. Einige Streifen zum Verzieren beiseite legen.
3. Knoblauchzehe pellen und durch die Presse in eine Schüssel (mit Deckel) drücken. Öl zugeben und offen zwei Minuten mit 600 Watt dünsten.
4. Zucchini, Aubergine und Frühlingszwiebel zugeben. Tomatenmark mit einer halben Tasse Was-

ser verrühren, mit Salz, Pfeffer und Thymian abschmecken, darübergießen und einmal umrühren. Zugedeckt fünf Minuten mit 600 Watt garen, zwischendurch noch einmal umrühren.
5. Hirse mit Petersilie und Basilikum verrühren und in ein mit kaltem Wasser ausgespültes Förmchen drücken. Die Tomatenwürfel zum Gemüse geben. Ratatouille und Hirse zugedeckt zwei Minuten mit 600 Watt erhitzen. Die Hirse auf einen Teller stürzen, Ratatouille rundherum anrichten. Frühlingszwiebelstreifen darauf verteilen.

Hirseeintopf mit Möhre und Erbsen

50 Gramm Hirse (roh)
½ TL Gemüsepaste
1 große Möhre
50 Gramm TK-Erbsen
2 TL Butter oder Margarine
1 EL gehackte Petersilie
schwarzer Pfeffer aus der Mühle
1 Zweig Petersilie zum Verzieren

1. Hirse abspülen und zusammen mit zwei Tassen Wasser und Gemüsepaste in eine Schüssel (mit Deckel) füllen. Zugedeckt fünf Minuten mit 600 Watt garen. In dieser Zeit einmal umrühren.

2. Möhre waschen, schälen und in Stifte schneiden. Zusammen mit den Erbsen und der Butter zu der Hirse geben und zugedeckt zehn Minuten mit 360 Watt weitergaren, zwischendurch einmal umrühren.

3. Die gehackte Petersilie unterheben, den Hirseeintopf mit Pfeffer abschmecken und alles auf einem tiefen Teller anrichten. Zum Schluß mit einem Sträußchen Petersilie garnieren.

Wissenswertes von A bis Z

Ahornsirup
siehe Zucker

Cholesterin
wird für Arterienverkalkung verantwortlich gemacht. Zusammen mit anderen Risikofaktoren (z. B. Rauchen) erhöht ein hoher Cholesterinspiegel die Gefahr eines Herzinfarktes. Aber nicht allein das Cholesterin ist hierfür verantwortlich. Cholesterin ist ein Fettstoff, der im Blut zusammen mit Lecithin, Eiweiß und Triglyceriden (Fetten) transportiert wird. Diese Verbindungen nennt man Lipoproteine. Es gibt Lipoproteine mit hoher Dichte (HDL) und solche mit niedriger Dichte (LDL). Diese LDL werden von den Zellen nur in einem bestimmten Ausmaß aufgenommen. Der Rest kann nicht in die Zellen gelangen und setzt sich an den Wänden der Gefäße ab. Die HDL dagegen verhindern Ablagerungen in den Gefäßwänden. Senkt man die Cholesterinaufnahme, wird auch der Gehalt an LDL gesenkt. Das bedeutet, daß – egal ob nun das Cholesterin selbst oder das LDL für die Arterienverkalkung verantwortlich ist – man mit einer cholesterinreduzierten Kost die Gefahr einer Arterienverkalkung herabsetzen kann. Eine cholesterinreduzierte Diät sollte nicht mehr als 300 Milligramm Cholesterin pro Tag enthalten. Cholesterin kommt nur in tierischen Lebensmitteln vor (nicht vergessen: auch Eier, Milch und Milchprodukte gehören dazu). Ernährt man sich vorwiegend von Obst, Gemüse und Getreide nimmt man nur sehr geringe Mengen Cholesterin zu sich. Hochungesättigte Fettsäuren begünstigen die Verarbeitung und damit den Abbau des Cholesterins.

Diabetiker
müssen auf die Broteinheiten (Abkürzung für Broteinheiten: BE) achten. Im Register finden sie zu jedem Rezept die BE-Angaben. In manchen Rezepten wird Zucker verwendet. Diesen müssen Diabetiker durch Zuckeraustausch- oder Süßstoffe ersetzen. Wenn sie diesen Rat beher-

zigen, eignen sich alle Rezepte ideal für die Ernährung von Diabetikern.

Eier
sind Cholesterinlieferanten. Ein einziges Eigelb von einem Ei der Handelsklasse 3 enthält etwa 300 Milligramm Cholesterin. Das ist die Höchstmenge pro Tag, die Sie essen dürfen, wenn Sie sich sich cholesterinarm ernähren sollen. Das Eiweiß ist dagegen frei von Cholesterin. Das ist auch der Grund, warum in den Rezepten nur ein einziges Eigelb auftaucht, sonst wird nur Eiweiß zum Binden verwendet.

Essig
gibt es in vielen Sorten. Sparen Sie nicht an der Qualität. Balsamessig ist besonders mild und aromatisch, aber leider ziemlich teuer. Ein guter Obst- oder Weinessig tut's auch.

Fett
kommt in diesen Rezepten nur in kleinen Mengen vor. Nehmen Sie Öle mit einem hohen Anteil ungesättigter Fettsäuren, wie zum Beispiel Sonnenblumen-, Soja- oder Distelöl. Butter oder Margarine sind Geschmacksträger. Wer ganz besonders auf Cholesterin achten muß, spart pro Teelöffel Butter zwölf Milligramm Cholesterin ein, wenn er sie gegen Margarine austauscht.

Garzeiten
sind in diesen Rezepten sehr knapp angegeben. Wer sein Gemüse nicht ganz so bißfest haben möchte, muß noch ein paar Minuten zugeben. Bei Kartoffeln empfiehlt sich die Gabelprobe, weil die verschiedenen Sorten unterschiedliche Garzeiten haben. Faustregel: Eine mittelgroße Kartoffel (50 Gramm) braucht zwei Minuten bei 600 Watt. Zwei Kartoffeln brauchen vier Minuten.

Gemüse
behält beim Garen in der Mikrowelle seine Farbe und den typischen Eigengeschmack. Das Gemüse wird meistens in etwas Wasser wenige Minuten gegart. Auch hier empfiehlt sich eine Garprobe mit einer Gabel, weil zum Beispiel Wintermöhren eine längere Garzeit haben als junge Bundmöhren.

Gemüsepaste
ist eine Instant-Brühe. Es gibt sie im Glas in verschiedenen Geschmacksrichtungen und als

klare Gemüsepaste. Sie bekommen sie im Reformhaus. Fragen Sie nach salzarmen Sorten, zum Beispiel die von der Firma Vitam.

Getreide

sollten Sie konventionell garen (die Mikrowelle bringt hier keine Zeitersparnis) und portionsweise einfrieren. Nur Hirse und Buchweizen machen eine Ausnahme: sie werden auch in der Mikrowelle in wenigen Minuten gar. Die Garzeiten und Portionsgrößen der verschiedenen Getreidesorten finden Sie in der Tabelle auf Seite 125.

Gewürzgurken

werden für einige Rezepte benötigt. Es gibt verschiedene Sorten: Salz-, Dill- oder Gewürzgurken und eine süße Sorte, die Zucker- oder Candygurken. Im Reformhaus finden Sie salz- und zuckerarme Produkte.

Grill

wird in diesen Rezepten immer auf der höchsten Leistungsstufe eingesetzt, weil die Grill-Leistung sonst bei den kurzen Garzeiten nicht ausreichend ist. Aus diesem Grund wird der Grill auch vorgeheizt.

Honig

siehe Zucker

Hülsenfrüchte

sollten – bis auf die kleinen, roten Linsen – konventionell gegart werden. Um Zeit zu sparen, kochen Sie am besten größere Mengen und frieren sie portionsweise ein. Die Garzeiten und Portionsgrößen finden Sie in der Tabelle auf Seite 125. Bevor Sie die tiefgekühlten Hülsenfrüchte weiterverarbeiten, müssen sie mit der niedrigsten Stufe Ihres Mikrowellengerätes aufgetaut werden.

Kräuter

und Gewürze machen die Gerichte erst richtig schmackhaft. Gehen Sie ruhig verschwenderisch damit um, geizen Sie aber mit Salz.

Mikrowellen

sind Wellen, keine Strahlen, die man sich in der Küche zunutze macht. Mikrowellen werden im Garraum von den Edelstahlwänden reflektiert und wie ein Squashball hin- und hergeschossen. Das Geschirr (siehe Mikrowellengeschirr) können diese Wellen durchdringen und gelangen so in die Lebensmittel. Dort erhitzen sie die Wasserteilchen, die in jedem Lebensmittel vorhanden sind (Gurken zum Beispiel bestehen zu etwa 97 Prozent aus Wasser). Durch das Erhitzen der Wasserteilchen werden die Lebensmittel gegart, die Mikrowellen verlieren dabei aber Energie. Weiter als etwa sechs Zentimeter können sie nicht eindringen. Daher ist es wichtig, Schüsseln nicht zu voll zu machen und die Speisen umzurühren. Anbrennen kann in der Mikrowelle nichts, denn was erhitzt wird, ist ja nur das Wasser und das wird nicht heißer als 100 °C. Wenn trotzdem einmal etwas braune Stellen bekommt, liegt das daran, daß an diesen Punkten alle Wassermoleküle verdampft sind. Man spricht hier von Übergaren. Wenn Sie aber regelmäßig umschichten oder umrühren, kann das nicht passieren.

Mikrowellengeschirr

gibt es in vielen Variationen aus Glas, Porzellan, Keramik und Kunststoff. Achten Sie darauf, daß Glas kein Blei enthält, Teller und Schüsseln keinen Silber- oder Goldrand haben. Als sehr praktisch hat sich der hohe Becher mit Deckel bei unseren Versuchen erwiesen: in ihm haben wir alles gegart, was nachher püriert wurde.

Dieser Becher faßt einen Liter und hat einen Deckel. Sie können darin alles garen, was hinterher püriert wird. So sparen Sie sich den Mixbecher. (Hersteller: Vitri)

Natrium

ist ein Bestandteil von Salz. Fast alle Nahrungsmittel enthalten Salz, vor allem Produkte wie Wurst, Käse und Brot. Zur Zeit essen die Bundesbürger 15 bis 20 Gramm Kochsalz pro Tag, dabei würden fünf bis zehn Gramm genügen. Wenn Sie unter Bluthochdruck leiden, wird Ihnen Ihr Arzt empfehlen, nicht mehr als drei Gramm Salz (das sind 1170 Milligramm Natrium) pro Tag zu essen. Kochsalz besteht aus Natrium und Chlorid. Dabei ist das Natrium ein möglicher Verursacher des Bluthochdrucks (Hypertonie).

Amerikanische Wissenschaftler haben herausgefunden, daß nicht nur ein zuviel an Natrium den Blutdruck in die Höhe treiben kann, sondern auch ein zuwenig an Kalium, Kalzium und den Vitaminen A und C. Bevor Sie nun mit dem Salzstreuer auf Ihr Essen losgehen, sollten Sie erst einmal probieren, ob's nicht salzig genug ist. Und wenn Sie feststellen, da fehlt etwas, dann probieren Sie es mit Gewürzen und Kräutern, damit dürfen Sie großzügig umgehen. Kräuter und Gewürze verbessern das Aroma weit mehr als Salz und enthalten kaum Natrium.

Naturreis

enthält im Gegensatz zum weißen, polierten Reis noch alle wertvollen Randschichten und damit mehr Vitamine und Mineralstoffe. Er hat aber auch eine längere Kochzeit als der polierte Reis und sollte deshalb vorgekocht und in Einzelportionen eingefroren werden. Garzeit und Portionsgröße von Naturreis finden Sie in der Tabelle auf Seite 125.

Öl

gibt es in verschiedenen Geschmacksrichtungen und in 100-ml-Flaschen speziell für den kleinen Haushalt. So können Sie immer mehrere Sorten in Kleinstmengen im Haus haben. Die gesunden Öle mit einem hohen Anteil an ungesättigten Fettsäuren werden leicht ranzig, deshalb lohnen sich Literflaschen für die Singleküche nicht. Siehe dazu auch das Stichwort »Fett«.

Pfanne

und Grill sind die beiden Zusatzgeräte, die immer dann benötigt werden, wenn etwas braun werden soll. Denn bräunen kann die Mikrowelle nicht. Sie kommen bei diesen Rezepten mit einem Minimum an Küchenausstattung aus. Die Rezepte, für die Sie Pfanne oder Grill brauchen, sind im Register gekennzeichnet.

Purine

sind lebenswichtige Bausteine für die Zellbildung, die im Körper aufgebaut oder durch purinhaltige Lebensmittel aufgenommen werden. Die Purine werden im Körper zu Harnsäure abgebaut. Bei einer Purinstoffwechselstörung erhöht sich der Harnsäurespiegel im Blut. Die Harnsäure setzt sich in den Gelenken ab und verursacht starke Gelenkschmerzen – und das bezeichnen die Mediziner als Gicht. Damit der Gehalt an Harnsäure nicht zu hoch wird, sollten nicht mehr

als 300 Milligramm Purin pro Tag in der Nahrung enthalten sein, wenn eine Gichtgefahr besteht. Innereien, Alkohol und Süßigkeiten, fette Fisch- und Fleischwaren und Krustentiere sollten so weit wie möglich ausgeschaltet und die Nierentätigkeit (Ausscheidung der Harnsäure) angeregt werden.

Salz

siehe Natrium. Wenn Sie für die Rezepte in diesem Buch Salz verwenden, nehmen Sie Meersalz, es ist mineralstoffreicher als normales Kochsalz. Aber nicht vergessen: erst probieren, ob das Gericht vielleicht schon salzig genug ist. Im Register finden Sie auch den Natriumgehalt der einzelnen Rezepte. Diese Werte setzen sich aus den Natriumgehalten der einzelnen Lebensmittel zusammen. Wenn Sie zusätzlich zum Salzfäßchen greifen, erhöhen sich die angegebenen Werte. Denken Sie daran: Ein Gramm Salz enthält 390 Milligramm Natrium, und mehr als drei Gramm Salz täglich sollten es bei natriumreduzierter Diät nicht sein.

Tofu

ist ein Soja-Produkt. Es gibt ihn in verschiedenen Sorten zu kaufen: in Sojasauce eingelegt, geräuchert, mit Kräutern und natur, also ohne jeden Zusatz. Tofu ist ein eiweißreiches, kalorienarmes Nahrungsmittel. Wer wenig Natrium essen darf, sollte auf den eingelegten Tofu verzichten, weil Sojasauce ziemlich salzhaltig ist.

Umrechnungstabelle für Garzeiten in Min.

700 Watt	650 Watt	600 Watt	500 Watt	450 Watt	360 Watt
0.30	0.30	0.30	0.30	0.45	0.45
0.45	1.00	1.00	1.15	1.15	1.45
1.45	1.45	2.00	2.30	2.45	3.15
2.30	2.45	3.00	3.30	4.00	5.00
3.30	3.45	4.00	4.45	5.15	6.45
4.15	4.30	5.00	6.00	6.45	8.15
5.15	5.30	6.00	7.15	8.00	10.00
6.00	6.30	7.00	8.30	9.15	11.45
7.00	7.15	8.00	9.30	10.45	13.15
7.45	8.15	9.00	10.45	12.00	15.00
8.30	9.15	10.00	12.00	13.15	16.45
10.15	11.00	12.00	14.30	16.00	20.00
12.00	13.00	14.00	16.45	18.30	23.30
13.45	14.45	16.00	19.15	21.15	26.45

Trockenobst

wie zum Beispiel Aprikosen, Pflaumen, Äpfel und verschiedene andere Sorten, kann man fertig kaufen. Die helleren Früchte, wie Aprikosen und Äpfel, werden häufig geschwefelt, damit die schöne Farbe erhalten bleibt. Schwefel verursacht aber bei vielen Menschen schon in kleinen Mengen Kopfschmerzen und Übelkeit. Fragen Sie nach ungeschwefelten Früchten. Die sehen zwar nicht so attraktiv aus, sind aber auf alle Fälle gesünder. Auch Rosinen gibt es ungeschwefelt.

Vitamine

gehen beim Garen in der Mikrowelle nicht so schnell verloren, wie beim konventionellen Kochen. Das Garen in der Mikrowelle ist also nicht nur schneller, sondern auch gesünder.

Vollkornnudeln

sind aus Vollkornmehl (siehe Weizenvollkornmehl) hergestellt. Sie garen in der Mikrowelle nicht schneller als auf dem Herd. Wenn Sie gekochte Nudeln übrig haben, können Sie die Rezepte von den Seiten 28, 80 und 108 blitzschnell zubereiten.

Vollkornzwiebackbrösel

schmecken würziger als normale Semmelbrösel. Sie können sie im Blitzhacker aus Vollkornzwieback selbst herstellen – fertig zu kaufen gibt es sie nicht.

Watt

ist die Energiemenge, die ein Gerät mit seinen Mikrowellen aussendet. Für die verschiedenen Verwendungsarten (z. B. Auftauen, Erwärmen, Kochen) braucht man unterschiedliche Energiemengen. Unsere Rezepte wurden in Mikrowellengeräten mit folgenden Leistungsstufen getestet: 600, 360, 180 und 90 Watt. Wenn Sie ein Gerät mit anderen Leistungsstufen haben, finden Sie die entsprechenden Garzeiten in der Umrechnungstabelle auf der linken Seite. Wählen Sie immer die Wattzahl, die der angegebenen am nächsten ist.

Weißwein

wird in kleinen Mengen zum Würzen mancher Gerichte benötigt. Möchten Sie keinen Alkohol verwenden, zum Beispiel weil Kinder mitessen, ersetzen Sie den Wein durch die gleiche Menge Brühe.

Weizenvollkornmehl

ist der vollwertige »Verwandte« des Weizenmehls. Im Vollkornmehl ist die Randschicht des Weizenkorns mitgemahlen, und gerade hier sitzen viele Vitamine und Mineralstoffe.

Wildreis

gehört nicht zur Reisfamilie. Diese länglichen, dunkelbraunen Körner sind Samen von einem nordamerikanischen Wassergras. Wildreis hat auch in der Mikrowelle eine lange Kochzeit. Deshalb sollten Sie ihn vorgaren und portionsweise einfrieren. Garzeit und Portionsgröße finden Sie in der Tabelle unten.

Zucker

steht hier als Oberbegriff für Süßmittel. In den Zutaten finden Sie gelegentlich braunen Zucker. Sie können auch Honig, Ahornsirup, Birnendicksaft, Fruchtzucker, Zuckeraustauschstoffe oder Süßstoff verwenden. Der entspricht nicht dem Vollwertprinzip, aber für Diabetiker ist es wichtiger, ein Süßmittel zu nehmen, das sie vertragen.

Garzeiten für Hülsenfrüchte und Getreide

	Garzeit	Rohgewicht pro Portion	Gargewicht pro Portion
Bohnen	90 Min.	50 Gramm	110 Gramm
Erbsen	105 Min.	50 Gramm	90 Gramm
Linsen	60 Min.	50 Gramm	125 Gramm
Kichererbsen	150 Min.	50 Gramm	90 Gramm
Grünkern	45 Min.	50 Gramm	120 Gramm
Weizen	60 Min.	50 Gramm	120 Gramm
Roggen	60 Min.	50 Gramm	120 Gramm
Wildreis	30 Min.	25 Gramm	75 Gramm
Naturreis	30 Min.	50 Gramm	125 Gramm

Register

Zeichenerklärung

	Cholesterin (Chol)	Purin (Pur)	Natrium (Na)	Kal	Kilokalorien
*	bis 100 mg	bis 100 mg	bis 390 mg	BE	Broteinheiten
**	bis 200 mg	bis 200 mg	bis 780 mg	TK	Rezepte mit vorgegarten und tiefgekühlten
***	bis 300 mg	bis 300 mg	bis 1170 mg		Hülsenfrüchten oder Getreide

G/P G = Grill, P = Pfanne
MIN Mikrowellengarzeit in Minuten

	Seite	Kal	Chol	Pur	Na	BE	TK	G/P	MIN
Blumenkohl									
Blumenkohlcurry mit Wildreis	46	319	*	*	*	3.5	●		9
Blumenkohl mit geräuchertem Tofu	46	403	*	*	*	3.5		P	9
Bohnen (Hülsenfrüchte)									
Bohnencremesuppe mit Kohlrabi	72	280	*	*	*	2.5	●		10
Bohnenklößchen mit Basilikum	70	373	*	*	*	2.5	●		5
Bohnenpfannkuchen	68	376	*	*	*	3.0	●	P	9
Bohnentatar mit Dill	68	314	–	**	*	3.0	●		4
Pellkartoffeln mit Bohnenpüree	70	241	*	*	*	2.5	●		8
Radicchio mit Bohnen-Fenchel-Salat	66	335	–	**	*	3.5	●		5
Roter Bohneneintopf	74	264	–	*	*	3.0	●		6
Süßsaurer Bohneneintopf	72	323	–	**	*	3.0	●		6
Warmer Salat aus weißen Bohnen	66	358	–	*	*	2.5	●		2
Weiße Bohnensuppe	74	241	–	**	*	3.5	●		8
Brokkoli									
Brokkoli auf Haselnußkartoffeln	44	308	*	*	*	2.5			8
Brokkolicremesuppe	44	222	*	*	*	1.0			14
Buchweizen									
Buchweizen mit Rote Bete	98	331	*	*	**	4.5			10
Buchweizen mit Vanillesahne	100	358	*	*	*	5.0			5
Gefüllte Aubergine mit Buchweizen	100	474	*	*	*	5.0		G	9
Spargel mit Buchweizen	98	268	*	**	*	1.5		P	5
Erbsen (Hülsenfrüchte)									
Erbsencremesuppe	62	248	*	*	*	3.0	●		8
Erbseneintopf	62	269	–	**	*	4.0	●		8
Erbsenklößchen mit Paprikagemüse	65	385	–	**	*	4.0	●		8
Erbsenpüree mit Kartoffel-Apfel-Mus	61	419	–	*	*	5.5	●	P	9
Gefüllter Erbsenknödel	64	440	*	**	*	4.5	●	P	7
Sauerkraut mit Erbsenpüree	60	419	*	*	*	4.0	●	P	6
Fenchel									
Fenchel mit Tomatensauce	48	387	–	*	*	5.0	●		8
Fenchel süßsauer mit Pellkartoffeln	48	320	–	*	*	4.0			8

	Seite	Kal	Chol	Pur	Na	BE	TK	G/P	MIN
Grüne Bohnen									
Grüne Bohnen mit Sesamtofu	40	256	–	*	*	1.0		P	6
Sahnebohnen mit Petersilienkartoffeln	40	304	*	*	*	3.0			10
Grüne Erbsen									
Erbsenrisotto	52	444	*	*	*	5.0	●		5
Grüne Erbsen mit Kartoffelrosetten	52	421	*	**	*	4.0		G	21
Grünkern									
Grünkernküchlein mit Senfsauce	94	483	*	*	**	4.0	●	P	4
Grünkern mit Kresse-Sahne-Sauce	96	426	*	*	*	4.5	●		8
Grünkernpuffer mit Zimtäpfeln	96	418	*	*	*	5.0	●	P	2
Kartoffel mit Grünkern-Füllung	94	376	*	*	*	4.0	●		9
Hirse									
Gefüllte Champignons mit Hirse	118	468	*	*	*	3.0			22
Hirseeintopf mit Möhre und Erbsen	120	322	*	*	*	3.5			15
Hirsepfannkuchen mit Backobst	116	369	–	*	*	5.5		P	15
Hirse-Spinat-Gratin	118	396	*	**	*	2.5		G	21
Kräuterhirse mit Ratatouille	120	331	–	*	*	3.5			24
Zitronenhirse	116	491	*	*	*	6.5			15
Kartoffeln									
Béchamelkartoffeln mit Brunnenkresse	12	303	*	*	*	2.5			10
Kartoffelcremesuppe mit Croûtons	16	391	*	*	*	3.0		P	10
Kartoffeln mit Champignons	13	203	–	*	*	1.5			7
Kartoffelpüree mit Apfel und Zwiebel	14	326	*	*	*	3.0		P	7
Überbackene Kartoffeln mit Zucchini	14	339	*	*	**	2.0		G	6
Warmer Kartoffelsalat mit Gurke	16	215	–	*	*	2.0			12
Kichererbsen									
Kichererbsencremesuppe mit Dill	86	233	*	*	*	2.0	●		2
Kichererbseneintopf provençalische Art	86	299	–	**	*	2.5	●		4
Kichererbsenklößchen mit Kapernsauce	89	468	*	**	*	4.5	●		8
Kichererbsen mit Basilikumsahne	84	435	*	**	*	5.0	●		11
Kichererbsen mit Rosenkohl	90	313	*	**	*	3.0	●		9
Kichererbsen mit Spinat	90	409	*	**	*	4.5	●		9
Kichererbsenragout mit Kartoffelpüree	84	433	*	*	***	4.5	●		9
Kichererbsenrolle auf Zucchinischaum	88	413	*	**	*	3.0	●		9
Kohl									
Chinakohlrouladen mit Pilzsauce	30	204	*	*	*	1.0			7
Spitzkohl mit Orangensauce	31	406	*	*	*	2.0			5
Kohlrabi									
Gefüllter Kohlrabi mit Champignons	42	359	*	*	*	1.5		P	8
Kohlrabi in Zitronensauce	42	262	*	*	*	3.0			10
Linsen									
Currylinsen mit Birne	78	424	–	**	*	4.5	●		4
Linsencremesuppe mit Möhre	82	249	*	**	*	2.5			9
Rote Linsen mit Curry und Rosinen	76	394	–	**	*	4.5			8
Sahnelinsen mit Salzkartoffeln	80	487	*	**	*	4.5	●	P	7
Süßsaure Linsen mit Spätzle	80	458	*	**	*	5.5	●		12
Süßsaurer Linseneintopf	82	272	–	**	*	4.0	●		6
Thymianlinsen mit Aprikosen	76	355	–	**	*	3.5	●		2
Zimtlinsen mit Banane	78	351	–	**	*	4.0	●	P	3
Möhren									
Möhrchen mit süßer Butter	36	344	*	*	*	3.5			12
Möhren in Dillsahne	36	364	*	*	*	3.5			10

Register

	Seite	Kal	Chol	Pur	Na	BE	TK	G/P	MIN
Porree									
Porree mit Gorgonzolasauce	39	501	*	*	*	4.0	●		5
Porree mit Selleriepüree	38	380	*	*	*	5.5			13
Roggen									
Kartoffelsuppe mit Roggen	104	296	*	*	*	4.0	●	P	8
Roggenrisotto	102	324	*	*	*	2.5	●		2
Roggen-Spinat-Auflauf	104	395	*	**	*	3.0	●	G	7
Sahneroggen	102	373	*	*	*	2.5	●		4
Rote Bete									
Rote-Bete-Eintopf	54	232	*	*	*	2.0			10
Rote Bete mit Pellkartoffeln	54	351	*	*	*	3.5			12
Sauerkraut									
Sauerkraut mit Weintrauben	32	356	*	*	**	4.0			11
Sauerkrautsuppe	32	217	*	*	***	1.0		P	5
Sellerie									
Selleriecremesuppe	35	115	*	*	*	0.5			6
Sellerieschnitzel mit Kartoffelschnee	34	343	*	*	*	3.0		P	7
Spinat									
Spaghetti mit Spinatsauce	28	476	*	**	*	4.0			15
Spinatklößchen mit Currysahne	26	373	*	**	*	2.5			6
Spinat mit Kartoffelgratin	24	444	*	**	**	2.0		G	6
Spinatpfanne	29	227	–	**	*	0.5	●		3
Spinatsuppe mit Mandeln	24	326	*	**	*	0.5		P	10
Überbackener Spinat auf Knusperbrot	26	422	*	**	*	2.5		G	8
Tomaten									
Gefüllte Tomaten	22	488	*	*	**	4.5	●		6
Klare Tomatensuppe mit Thymian	18	47	–	*	*	0.5			5
Tomaten-Kartoffel-Pizza	20	403	*	*	*	2.5		G	11
Tomaten mit Aubergine	20	335	*	*	*	2.5			7
Tomaten-Paprika-Pfanne	22	367	–	*	*	4.5	●		7
Tomatensuppe mit Tofuklößchen	18	425	*	*	**	3.5			10
Weizen									
Gebratener Weizen mit Gemüse	106	389	*	*	*	3.5	●	P	6
Gefüllter Wirsing mit Weizen	110	362	*	**	*	3.5	●		8
Käsespätzle	108	454	*	*	*	3.0		P	18
Möhreneintopf mit Weizen	110	279	*	*	*	4.0	●		7
Vollkornpizza	108	381	*	*	*	3.0		G	16
Weizenpfannkuchen mit Rhabarber	106	497	***	*	*	6.0	●	P	3
Wildreis									
Mangold mit Wildreis	114	397	*	*	*	2.5	●		11
Spargelbrühe mit Wildreis	112	121	–	*	*	2.0	●		7
Wildreis mit Austernpilzen	114	378	–	*	*	3.0	●	G	5
Wildreis mit Gemüse	112	436	–	*	*	3.5	●		11
Zucchini									
Zucchini mit Zitronenmelisse	56	313	*	*	*	2.5			8
Zucchinipfanne	56	400	*	*	*	4.0	●		7
Zuckerschoten									
Zuckerschoten in Senfsahne mit Nüssen	50	389	*	*	*	3.0			9
Zuckerschotenpfanne mit Reis	50	321	–	*	*	4.0	●		7